発達障害児のママで博士が教える

でこぼこちゃんの個性が輝く育て方

森川敦子

GENTOSHA

目次

でこぼこちゃんの学校生活での困りごと10選

第5章

何が効果的？おうちでできる「療育」

第6章 輝け、でこぼこちゃん！「でこ」を活かした進学＆就職

デザイン　森岡菜々（TYPEFACE）
イラスト　はやはらよしろう
取材・文　曽田照子
プロデュース　吉田浩（株式会社天才工場）
編集協力　上村雅代
くまゆうこ（株式会社マモル）

プロローグ

「どうして、じっとしていられないの？」

「どうして、あまり目を合わせてくれないの？」

「どうして、今注意したことを一瞬で忘れちゃうの？」

「どうして、お友だちと仲良くできないの？」

「どうして、こんなに好き嫌いが多いの？」

うちの子だけ、どうして、こんなに育てにくいの!?

そんな疑問で頭がいっぱいになったことはありませんか？

私はあります。

だって私は、でこぼこな発達の子を持つ親だから。

こんにちは。森川敦子と申します。

私が発達障害の専門家になったのは、今から20年前、うちの末っ子の発達障害がわかってからのことです。

前の3人で、子育てはひと通り経験しているつもりでした。

でも、4人目のわが子の子育ては、兄や姉とはまるで違っていました。

知的には問題なさそうなのに、

・言われたことをすぐに忘れる
・トイレに行くのがイヤだといっておむつが外れない
・白米、具のないラーメンやうどんなど、白い色のものしか食べようとしない
・段ボール箱が気に入って一度入ると出てこない
・運動会の練習がイヤで園から逃亡してしまう
・パジャマのまま学校へ行こうとする

……などなど、なぜだか独特すぎる行動の数々に、家族は「どうして?・」の連続だったのです。

近年、うちの末っ子のように発達のでこぼこを抱えた「気になる子」が増えています。

この本は、そんな気になる子のママ・パパのために書いています。

なぜ、発達障害の子を持つ母が博士号を取ったのか?

少し自分語りをさせてください。

末っ子の発達障害がわかってすぐ、末っ子はリハビリテーションセンターで療育を受けはじめました。

ところが、1ヶ月に1回程度しか療育の予約が取れないのです。

私が急な仕事でその日に療育へ連れて行くことができないと、2ヶ月も3ヶ月も末っ子は療育を受けることができないのです。

その頃私と同じように、発達のでこぼこのあるお子さんを抱えた多くの仲間が療育を受けられなくて困っていました。

「それならば自分たちで療育できる施設を作ろう！」

そう思い立った私は、２０１０年、「株式会社奏音《かのん》」を設立し、「発達支援ルームどれみ」を開設したのです。

いざ施設を運営してみると、あれほど「独特すぎる」と思っていた末っ子がかすんでしまうほど、さまざまな個性を持った発達障害のお子さんたちがやってきました。

常に動き回っている超元気な子、好きなことへの集中力が素晴らしい子、ゆっくりみんなを和ませてくれる子……。

「なぜ、こんなにひとりひとり違うんだろう？」

療育に来るお子さんたちと接し、親御さんのお話を伺っているうちに、「発達障害のことをもっと知りたい！」という気持ちがムクムクとわき上がってきました。

私は、発達障害についてより深く学ぶため、県立広島大学の大学院に、そして「いかに効果のある療育をするか」を研究するため、山形県立保健医療大学の大学院に入学しました。周囲の、特に４人の子どもたちの協力のおかげで２０２２年３月、博士課程を修了し

「作業療法学」の博士号を取得しました。

今では広島と愛媛で8つの療育施設を経営しながら、作業療法士を育成する講師として大学や専門学校で教えたり、保育園や幼稚園、小学校・中学校の先生がたを相手に発達障害に関する講演をしたりしています。

また、忙しい毎日ですが、今も作業療法士として数人の子どもを直接担当しています。

この本では、作業療法学博士としての専門知識と、発達障害がある子の母としての経験、そして、のべ1600人のお子さんの療育を通して得た知見を、できる限りやさしく、具体的にお伝えしていきます。

楽しく読んでいくうちに、毎日の「困った！」「どうしたらいいの？」に対するヒントが見つかり、**子育ての悩みが少しでも軽くなる**。そんな本を目指しています。

愛すべき発達障害でこぼこちゃん

前述のように、今、私は発達障害があるお子さんの子育てを支援する仕事をしています。

発達障害のある子どもたちは、もしかすると園や学校などの集団生活では「困った子」「気になる子」かもしれません。

でも、ひとりひとりをじっくり見つめていると、こんなにもかわいらしく、いじらしく、愛おしい子どもたちはいないと私は思うのです。

私は彼・彼女たちのことを、愛情を込めて**「でこぼこちゃん」**と呼んでいます。

でこぼこちゃんには、その名の通り「凸《でこ》」と「凹《ぼこ》」があります。

人間、誰しも得意と不得意があります。

発達障害がある人は、それが通常の範囲を超えて大きいのです。

たとえば……

・電車の名前はあんなに覚えられるのに、お友だちの名前も顔も覚えようとしない
・細かいことに気づいて優しいけれど、ちょっとした刺激で泣き出す
・遊びのアイデアはすごいけれど、まったくおもちゃが片付けられない

などなど……。

でこぼこちゃんたちの特徴は、得意なことは天才的。一方で、苦手なことはとことんポンコツ。

そこが魅力でもあるのです。

原因は脳のアンバランス

でこぼこちゃんは、いいところと悪いところの「落差」が、まるでナイアガラの滝のようで、ときに「わざとじゃないか」と思えてしまうほどです。

でも、でこぼこちゃんたちは、わざとやっているわけではありません。なまけたり、さぼったりしているわけでもありません。

もちろん、親の育てかたのせいでもありません。

でこぼこちゃんたちの「でこぼこ」つまり**発達障害は、生まれつき脳の発達がアンバランスなために起こります。**

なぜ脳の発達がアンバランスになってしまうのかは、まだ十分解明できていません。遺伝などさまざまな説があります。

うちの子は、「おしゃべりが大好きで言葉をたくさん知っているのに、授業中ノートに文字がまったく書けない」と困っていました。

そこで7歳3ヶ月のとき、知能検査（WISC《ウィスク》）を受けると……

読んだり話したりする能力は実年齢より2歳近く高い9歳10ヶ月。

でも書く能力は実年齢より2歳近く低い5歳6ヶ月でした。

9歳と5歳では4つも違います。子どもの4歳差は大きいですよね。

周囲は表面に出ていた「おしゃべり、語彙が豊富」という面を見て、書くことに対しても「このくらいはできるだろう」と思いこんでいたのですが、発達がでこぼこであったために、書く能力は育っていなかったのです。

知的なでこぼこが、行動や能力のでこぼことなって現れていたのです。

くり返しますが、お子さんのでこぼこ、つまり発達障害は、脳の発達がアンバランスなために起こります。**親の育て方や本人のせいではありません。**

残念ながら、まだまだこれを知らない人が多くいます。

「みんな」と同じようにできない部分だけを見て、「変な子」とレッテルを貼ったり、「なまけている」「がんばりが足りない」「親が甘やかすからだ」などと責める人たちが、残念ながらまだいます。

そしてそんな無知で心ない言葉に傷つけられて、自己評価を落としてしまうお子さん、ママ・パパのなんと多いことか。

発達障害があるお子さんが、がんばっていないなんてことは、ありませんよね。むしろ普通の子以上に努力しています。ママやパパだって一生懸命やっています。今がんばっている人だけでなく、がんばりすぎて「もうがんばれない」と途方に暮れている人も少なくないことを、私は知っています。

得意を伸ばし、苦手を補う

「でこぼこちゃんの苦手を克服させよう」、とがんばっている人には残念な事実をお伝えしなければなりません。

どんなにがんばっても、魚が木に登れないように、苦手なことは苦手なままであることが多いのです。

原因は生まれつきの脳そのものにあるのですから、でこぼこちゃんが苦手なことが、ある日急に得意になるということはありません。

それどころか、苦手の克服ばかりに挑戦していると、できない経験がどんどん積み重なって「自分はできない子なんだ」と、お子さんはどんどん自信をなくしてしまいます。

それならば……苦手を克服するよりも、得意を伸ばしていく、という方向で考えてみてはいかがでしょうか。

いいところは伸ばし、足りないところは補うのです。

そうすれば、でこぼこちゃんの子育ては、笑いが絶えなく楽しい方向へと動き出します。ママ・パパの子育てのストレスがすべて消えるわけではありませんが、わが子と自分自身を肯定して、心の底から人生を楽しめるようになります。

大切なのはたった2つです。

①わが子のいいところを見つけて、伸ばしていく
②わが子の苦手なところは、補う方法を考えていく

お子さんが人生を切り開いていくために、この2つをしっかり考えていきましょう。

でこぼこちゃんの6つのパターン

では、わが子のいいところ、苦手なところはどうやって発見したらいいのでしょうか？

幸いなことに、でこぼこちゃんの脳の発達の偏りはいくつかのパターンに分類できます。

そこから、傾向と対策を見つけることができるのです。

分類というと……これまでも多くの先生が、ＡＤＨＤ（注意欠如・多動症）、ＡＳＤ（自閉スペクトラム症）、ＬＤ（特異的学習症）、ＤＣＤ（発達性協調運動症）など、発達障害の診断名で分け、それぞれに対してアドバイスをしています。

けれどもこれらの医学用語は、これからわが子のいいところ、補っていくところを考えようというママ・パパにはどうにも難解で、これでは「でこ」と「ぼこ」が見つけにくいのではと思います。

また、実際に子どもたちに接していると、特性がひとつの診断にあてはまり切らないことが多々あります。

発達障害の程度や特性の現れ方がひとりひとり違うのですから、当然かもしれません。

そこで私は、でこぼこちゃんたちを次の**６タイプ**に分けました。

1．エネルギーいっぱいの「キョロキョロちゃん」

2．ひとつのことに集中できる「こだわりちゃん」

3．和ませ上手な「ゆっくりちゃん」
4．トップを目指せる「せっかちちゃん」
5．感受性が豊かな「ビクビクちゃん」
6．なにごとにもおおらかな「うっかりちゃん」

お子さんはどのタイプでしょうか？

でこぼこちゃん本人はもちろん、ママもパパも、ひとつか2つ、あるいはそれ以上のタイプにあてはまる傾向があるはずです。

くわしくは本編で解説しますが、「あるある」「うちの子にそっくり」と笑いながら、お子さんの「でこ」と「ぼこ」を見つけてください。

発達障害とグレーゾーン

本編に入る前にもうひとつ、触れておきたいのが「グレーゾーン」の問題です。

グレーゾーンという言葉のイメージは「発達障害に近い特徴はあるけれど、程度が軽い」とか「診断がつくほどではない」、というようなものでしょうか。

多くのママ・パパが「うちの子は診断がつくかつかないかわからない」「ハッキリ発達障害と決まったわけじゃない」という意味で、グレーゾーンという言葉を使っています。

なかには「グレーならセーフでしょ」と、わが子の発達障害を認めたくなくて、何度も診断を受けさせる、そんなママ・パパもいると聞きます。

一見、便利な言葉ですが、この本では基本的に「グレーゾーン」というジャンル分けはしません。

そもそも「グレーゾーン」は、医学的な名称ではなくASD（自閉スペクトラム症）に限定された概念でした。

自閉症の症状はさまざまです。相手をまったく認識しない重度の人から、挨拶が返せる人、普通に生活はできているけれど自閉症的な傾向の人まで、さまざまな程度があり、「自閉症ではない人」との間には明確な境界はなく、連続しています（スペクトラムというのは「連続体」という意味)。

その、白でもなく、黒でもない状態をグレーゾーンと呼んでいたのが、いつのまにかそのままADHD(注意欠陥・多動症)などほかの発達障害に結びつけて使われはじめたのです。

この言葉の流行の背景には、自信を持って発達障害の診断を下せる専門医の不足もあります。


診断がつくかつかないかは大きな問題ではない、と私は思います。

結局は本人や周囲が「困っているかどうか」がすべてではないでしょうか。

たとえばもし、頭がガンガン痛いとき、それが片頭痛か緊張性頭痛かという診断よりも、どうやったら痛みを止められるか、どうしたら再発しないかのほうが大事だと思いませんか?

発達障害の診断や診断名よりも、本人や周囲の「困り感」、苦手や課題をどうやって解消するか、どうしたらもっとひとりひとりが自分らしく輝けるかのほうが大切です。

それに、偏りのまったくない人なんかいません。

そういう意味では、私も、この本を読んでいるあなたも、でこぼこちゃんなのです。子育てで「こんなはずじゃなかった」「どうしてうちの子だけ」と思うときこそ、ぜひ、お子さんの「でこ」と「ぼこ」をよ〜く見てほしいと思います。

昨今、発達障害の「障害」を「障がい」とひらがなで表記することで否定的なイメージを和らげようとする取り組みが進んでいますが、本書は医学的根拠に基づき書いていますので、あえて「障害」と漢字表記にしています。あらかじめ、ご了承くださいませ。

第1章

うちの子に似てる？
6人のでこぼこちゃん

気になるあの子はでこぼこちゃん

子育てをしていて、ほかの子とはどこか違っている、予想していたような反応が返ってこないなど、「あれ？」と思うことはないでしょうか？

程度や状態はさまざまでも、なんとなく「気になる」。

家族の中だけではそれほどでもないけれど、園や学校など集団生活の中で、そんな引っかかりが多い「気になる子」の多くが、でこぼこちゃんです。


プロローグでもお話しした通り、でこぼこちゃんには6つのタイプがあります。

1．エネルギーいっぱいの「キョロキョロちゃん」
2．ひとつのことに集中できる「こだわりちゃん」
3．和ませ上手な「ゆっくりちゃん」
4．トップを目指せる「せっかちちゃん」
5．感受性が豊かな「ビクビクちゃん」

6. なにごとにもおおらかな「うっかりちゃん」

どの子も、個性的で魅力たっぷり！　知れば知るほど愛おしくなる存在です。
ではさっそく、6人のでこぼこちゃんをご紹介しましょう！

6人のキャラクター

エネルギーいっぱいの「キョロキョロちゃん」

特徴 じっとしていられなーい！　前向きでエネルギッシュ、好奇心が抑えられない、とにかく目立つ、飽きっぽい

よく使う言葉 「いいこと思いついた！」「あれ何？」「やらせて！」「聞いて聞いて！」

得意わざ みんながあっと驚くアイデアを出す、急な変化やアドリブに強い

苦手なこと 片付け、じっとしていること、空気を読むこと

よくある困りごと 静かにしていなければならない場面で騒いでしまう

集団生活では 待てないのでお友だちとの衝突も多い。理想的なポジションはリーダー

意外な一面 自分のやらかした行動を覚えていないことが多い

勉強 ありあまるエネルギーを勉強に向けたら成績アップ。スポーツに向けたらオリンピック選手

将来 アイデアを活かしてベンチャー企業の社長になるかも
分類 衝動性や多動が優勢なＡＤＨＤ

解説

陽気で元気な性格のキョロキョロちゃんは、アイデア豊富で楽しいお子さんです。

買い物に行くとすぐに走り出し迷子になる、授業中にじっと座っていられないなど、疲れ知らずです。興味の幅が広く、知的好奇心が旺盛で、さまざまな知識を吸収し、独自のアイデアを生み出します。新しい遊びを思いついたり、即興でみんなを笑わせるのも

キョロキョロちゃんの特徴です。

好奇心のままにあちこち飛び回り、すぐに行動に移すため、周りを驚かせることもしばしばあります。

列を作る、集まってお話を聞くなどの静かにじっとしていなければならない状況が苦手です。

接し方のコツ

キョロキョロちゃんの高いエネルギーを肯定し、しっかりと動けるようサポートしてください。

思いついたアイデアを肯定的に聞き、その興味を勉強やスポーツなどに結びつけて、次のステップにつなげるサポートをすることで能力が伸びていきます。

危険がない限り、経験から学ぶことも大切です。安全には十分注意したうえで、さまざまな挑戦をさせてあげましょう。

ひとつのことに集中できる「こだわりちゃん」

特徴 好きなことへの集中力がすごい、究極の几帳面、並べるのが上手、ルーティンが大事

よく使う言葉 「今日何があるの？」「今日やることは？」

得意わざ 好きなことに対する記憶力と集中力はピカイチ

苦手なこと 急な変更、相手の気持ちを察すること、「初めて」のこと

よくある困りごと マイペースすぎて周りが見えない。自分のペースを崩されたくない

集団生活では お友だちと一緒に遊ぶことに興味がなくて孤立しがち（でも本人は気にしていないかも）

意外な一面 過敏で、いつものパターンが崩れるのが恐い

勉強 得意科目でこだわりを活かせば◎

将来 専門職や研究者になるかも

分類 ＡＳＤ（自閉スペクトラム症）

解説

お気に入りにとことん入れ込んで、すごい集中力を発揮するのがこだわりちゃん。

たとえば虫が好きだった場合、園に行く途中で虫を見つけたらそのまま、どんなに声をかけても、じーーーーっと動かない、なんてこともあります。好きなことには大人顔負けの知識があり、将来は博士など、スペシャリストになれる可能性があります。

もうひとつの特徴が「究極の几帳面」。記憶力がよく、本棚の本を規則的に並べて整理することなどはとても上手です。

ものを置く場所が決まっていたり、行動の順番を変えられなかったり、ルール通りにし

たいのもこだわりちゃんの特徴です。

＼接し方のコツ／

こだわりを認め、尊重することが、こだわりちゃんの能力を伸ばすコツです。

苦手を克服するより、得意分野での成功体験を増やすことが自己肯定感を高めます。

ルールやルーティンが崩されることに弱いため、事前に何が起こるかを説明して気持ちの準備をさせます。予習不可欠!!

それでも不測の事態が生じたときは、落ち着いてゆっくりと対応して、不安にさせないようにしましょう。

和ませ上手な「ゆっくりちゃん」

特徴 ゆっくり、のんびり、ほんわか、マイペース、気がつくと人より遅れている、素直

よく使う言葉 「あ～、まって～」「えーと……?」「そっかー」

得意わざ 周りを和ませる。天然発言でみんなを笑顔にする

苦手なこと 指示を一度で理解すること、先の見通しを立てること、整理整頓

よくある困りごと 思わず親が手助けしてしまい、自分でやる力が育ちにくい

意外な一面 手先が器用で、手芸や料理が得意だったりする

集団生活では ゆっくりすぎて、お友だちに置いていかれることも

勉強 技能系（技術や家庭科）や芸術系は得意。5教科と体育は苦手

将来 得意を活かして好きな道に進むのが◎

分類 注意欠如が優勢なＡＤＨＤ

＼解説／

のんびり、ニコニコ、おっとり、まるで本人の周りだけ、牧歌的な時間が流れているようなゆっくりちゃん。

マイペースで物事にじっくり取り組みますが、周囲と同じ速さで進めることがときに難しいです。

周囲のサポートがあれば日常生活をスムーズにこなせますが、集団にいると指示を理解しにくいことがあります。急かされたり、自分から積極的に動いたりすることは苦手です。学年が進むにつれて、勉強や対人関係でお友だちとの差が生じやすく、それがストレス

の原因となることもあります。

接し方のコツ

ゆっくりちゃんのペースを尊重し、焦らせずに対応してください。成長はゆっくりですが、確実に伸びています。できたことを認め、ほめることが重要です。

新しい環境や状況への順応を助けるために、変化を事前に伝え、準備の時間を与えてください。

大切なのは、日常生活での小さな成功を積み重ねて、自信をつけさせること。

手先が器用で、ものづくりが得意なお子さんが多いので、その才能を伸ばせるような環境を提供しましょう。

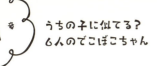

トップを目指せる「せっかちちゃん」

特徴 一番になりたい！　負けず嫌い、短気、行動は素早い、協調性はないけれど頼られると張り切る

よく使う言葉 「早く早く！」「私が先よ！」「俺が一番！」

得意わざ 素早く動いて成し遂げる

苦手なこと ほかのみんなと足並みを揃えること

よくある困りごと ゲームなどで負けると癇癪《かんしゃく》を起こしてしまう

集団生活では お友だちとぶつかりがち。勝ち負けにこだわってキーッとなることも

意外な一面 職人肌。やると決めたことはしっかりやり切るタイプ

勉強 負けず嫌いのエネルギーを向けられたら◎。テストではケアレスミスに注意

将来 ひとりでできる仕事でスペシャリストを目指すのが向いている

分類 衝動性と多動が優勢なＡＤＨＤ

解説

何でも早く早く。一番でいたい。スピード重視のせっかちちゃん。エネルギーにあふれ、突き動かされるように、素早く動きます。落ち着いてやればできるのに、せっかちなので、机やカバンの中はグチャグチャ、文字も乱雑になりがちです。

負けず嫌いで自分が一番になれないと「キーッ」と癇癪を起こしてしまうことも。

でも、責任感が強く、決めたことはやりとげる、という長所があります。

「俺が」「私が」と主張が強いので、同級生との集団生活は苦手ですが、年下の子の面倒などはよく見てくれます。

接し方のコツ

せっかちちゃんは行動力と集中力があり、役割を与えると張り切ってくれます。

一番になりたいという気持ちを受け入れ、周囲との競争ではなく、自分との競争に勝てるよう励まします。

素早く気持ちを立て直すコツをつかめば、ビックリするほど能力が伸びるポテンシャルがあります。

物事を一度に片付けようとするのではなく、小分けにして取り組むことをすすめましょう。

POINT 「キョロキョロちゃん」と「せっかちちゃん」の見分け方

①好きなことをしているとき

すぐに気が散る→キョロキョロちゃん

興味あることには集中できる→せっかちちゃん

②食事のとき

おしゃべりが止まらない→キョロキョロちゃん

黙ってかき込む→せっかちちゃん

③ゲームで負けたとき
すぐに切り換える→キョロキョロちゃん
とても悔しがる→せっかちちゃん

感受性が豊かな「ビクビクちゃん」

特徴 恐いものが多い、周りをよく見て、よく気がつく、とても敏感

よく使う言葉 「……あの（小声）」

得意わざ 人の気持ちを察すること

苦手なこと 大きい音やまぶしい光などの強い刺激、知らない場所、初めての体験、人の視線、プレッシャー

よくある困りごと 特定の感覚がとても鋭いため、本人は苦労の連続

集団生活では 自分が出せない。仲の良いお友だちとならつつがなくコミュニケーションで

きる

意外な一面 音楽、絵画など芸術的才能を持っていることが多い

勉強 できるほうだけど、人前で発表したがらない

将来 テレワークなど、ひとりでできる仕事がぴったり

分類 ＡＳＤ（自閉スペクトラム症）

解説

繊細で過敏、深く考えすぎてしまうビクビクちゃんは、いわゆる「繊細さん」です。人の視線や発言に対して過敏に反応します。お友だちが叱られているのを見て、自分が叱られているかのように感じるほど共感性が強いです。

人の気持ちを察して行動す

ることができるため、「いい子」の仮面をかぶって、ストレスをためてしまうこともあります。

集団行動が苦手で、疲れやすいですが、観察力や感受性が豊かで、芸術的な才能やプログラミングなどＩＴ関連の技能を持つ子もいます。

食感やにおいに敏感で、特定の色や種類の食べ物しか食べられないなど、偏食が見られることがあります。

接し方のコツ

ビクビクちゃんには、刺激が少ない静かな場所で過ごす時間が必要です。敏感さを理解し、安心できる環境を整えてあげてください。

ルーティンを守ることで安心するタイプなので、慣れないことをするときには予告が必要です。

繊細さを「強み」ととらえ、その感受性を活かせる活動や環境に触れさせることで、才能を伸ばすことができます。

POINT HSC（HSP）という「診断」はできない

数年前から「繊細さん」や「HSC（Highly Sensitive Child）」「HSP（Highly Sensitive Person）」という言葉が流行っています。

ビクビクちゃんのお子さんと一緒に病院を訪れ「うちの子はHSPなんで、それで診断名書いてください」という保護者がときどきいらっしゃいます。

でも、どんな名医も、そのような診断はできません。

なぜかというと「繊細さん」や「HSC（HSP）」は医学用語ではないからです。HSC（HSP）に診断をつけるとしたら、ビクビクちゃんのような感覚過敏は、ASD（自閉スペクトラム症）の特徴のひとつとします。

いずれにしても、「うちの子は繊細さんだ」と気づいてあげられるのはとてもいいことです。

適切な療育を受けることで、さらにお子さんの繊細な能力が伸びる、という可能性もあります。ぜひ考えてみてください。

なにごとにもおおらかな「うっかりちゃん」

特徴 よく忘れる、うっかりミスが多い、気持ちが安定している

よく使う言葉 「あ、忘れた」「あれっ？」「ま、いっか」

得意わざ 人の気持ちを受け止めること

苦手なこと 毎日の持ち物を用意すること、忘れ物をしないこと、学校からの手紙を家の人に渡すこと

よくある困りごと 生活していくうえでやるべきことを忘れがち

集団生活では 誰とでも穏やかに付き合っていけるムードメーカー

意外な一面 強く叱られると本気で落ち込んで、自己評価が下がりがち

勉強 ケアレスミスさえなければ悪くない

将来 「うっかり」が命取りにならない仕事なら、何でもできそう

分類 注意欠如が優勢なＡＤＨＤ

＼解説／

うっかりちゃんは、うっかりミスが多く、よく忘れ物をしてしまいます。

スカートの下にパジャマのズボンを穿《は》いたまま学校に行ってしまう、学校にランドセルを置き忘れて手ぶらで帰ってくる……など、笑い話になるようなミスをするのが特徴です。

うっかりちゃん自身も「うっかりミスや忘れ物はしたくない」と思ってはいるのですが、脳の覚醒レベルやワーキングメモリーの関係で、うっかり忘れてしまうことを自分ではどうにもできません。せっかくメモを書いても、メモを見るのを忘れてしまうのです。

大人になって「片付けられない」で発達障害が見つかる女性の多くが、このうっかりち

やんタイプです。

接し方のコツ

うっかりミスが続くと自己肯定感が下がってしまいます。笑いのネタに変えて、あまり深刻になりすぎないようにしましょう。

事前の準備やリマインダーを活用して、忘れ物が少なくなるように支援します。

また、ものの置き場所を決めるなど、整理整頓のルールを一緒に決めるのもおすすめです。

ひとつの型にあてはめない

6人のでこぼこちゃん。みんな個性的でかわいい存在です。

「うちの子にそっくり」「似てるけど、ちょっと違う?」というところがあったのではないでしょうか。

誰かひとりにぴったりあてはまらないこともあります。ぜひ、ほかのでこぼこちゃんのページにも目を通してください。

じつは、多くの人の中には、2人あるいは3人のでこぼこちゃんの個性が、共存しています。

＼共存しやすいでこぼこちゃん／

・キョロキョロちゃんとせっかちちゃん（さらにうっかりちゃんが入ることも）
・こだわりちゃんとビクビクちゃん
・ゆっくりちゃんとうっかりちゃん

たとえば「うちの子はゆっくりちゃんっぽいけど、うっかりちゃんのところもあるね」と思ったら、両方の解説を参考にしていただけるとより理解が深まります。

年齢や場面に応じて、表に出やすいでこぼこのタイプが変化することも、よくあります。ひとつの型にあてはめて、決めつけないようにするのが、でこぼこちゃん育ての可能性を広げます。

発達障害の重複図

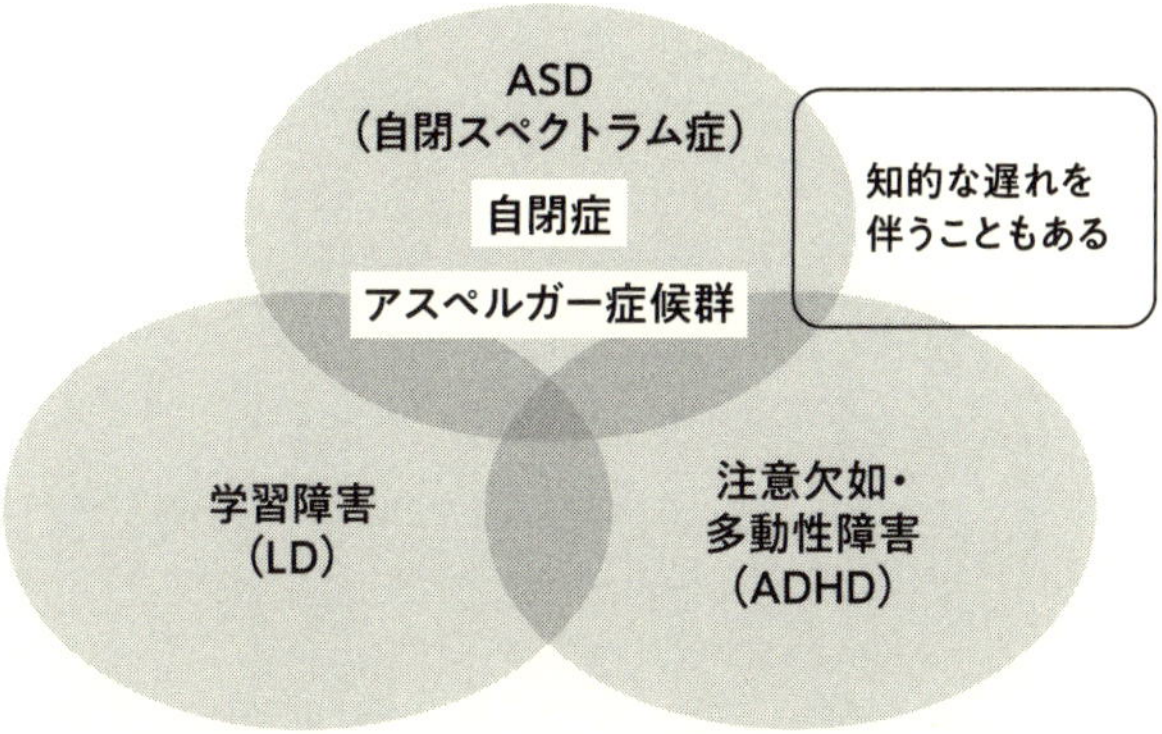

でこぼこが重なりあって複雑に

でこぼこちゃんのでこぼこは、ひとりひとり違います。それは上図のように複数の発達障害を併せ持っているお子さんが多いから。

発達障害の程度や重なり具合によって、また、周囲の接しかたも含めた環境によって、そのお子さんの「でこ」と「ぼこ」が形作られていきます。

6人が登場した理由

この本に発達のでこぼこを持つ、個性的な6人のでこぼこちゃんを登場させたのには、いくつか理由があります。

ひとつめは、**おうちのかたの理解を深めるため。**

あまりに近付いてひとりひとりを見ていては、気づけないことがあります。

「うちの子はどうだろう」と、6人のでこぼこちゃんのタイプにあてはめることで、ママ・パパはわが子の個性を客観的に見ることができます。

その結果、わが子の「でこ（強み）」と「ぼこ（弱み）」がよりはっきりと理解できるのです。

「あ、そういう特徴の子なんだ」と、同じタイプのお子さんの存在も見えてくるでしょう。

タイプごとに困りごとの傾向がわかれば、対策も探しやすくなります。

もうひとつは、**タイプにあてはめることで、おうちのかたに安心してもらうため。**

でこぼこちゃんには、どのタイプもそれぞれ特徴的な行動・思考パターンがあります。

どんなに困りごとがたくさんあっても「うちだけじゃない」とわかれば、子育ての悩みが少しは軽くなるはずです。

そして、これがとても重要なのですが、**「あるある」「そうだよね」とみなさんに笑ってもらうため。**


なんといっても、でこぼこちゃんを育てるのは大変です。

毎日が予想もしないハプニングだらけで、疲労困憊してしまうこともあるでしょう。

だからこそ、ママ・パパには「困った」を「笑い」に変えるユーモアの力を身につけてほしいのです。

ユーモアは、視野を広げ、物事の別の面を見せてくれます。それは、困難を乗り越える力になります。

日常生活でも、ぜひ笑えるところを探してください。**子どもたちはみんな、笑っているママやパパが大好きなのですから。**

育て方のよしあしではない

最近、発達障害がある子どもが増えてきた、という話を聞いたことはありませんか？

データを見ても、発達障害と診断される子は増加していますが、これは実際に発達障害がある子どもの数が増えているのではなく、発達障害への理解が進んだために、でこぼこちゃんが、その特性に気づいてもらえるようになったからだと考えられます。

でこぼこちゃんのでこぼこ、発達障害は「脳のアンバランス」が原因だとすでにお伝えしました。

では、どうして脳がアンバランスに発達してしまうのでしょう。

これまで、さまざまな可能性が「原因では？」といわれてきました。

／でこぼこの原因が疑われてきたものごと／

・愛情不足？
・厳しく育てなかったから？　甘やかしたせいで？
・遺伝が原因？
・妊娠や出産時の過ごしかたが影響している？
・パパやママの偏食や栄養バランスの乱れがよくない？
・なんらかの化学物質の悪影響？
・子どもの運動不足が関係している？

さまざまな要因が考えられてきましたが、今でも「こうすると発達障害になる」という確定的な原因はわかっていません。専門家でも「いろいろな要因が複雑に絡み合って、でこぼこがつくられる」としか言いようがないのです。

つまり、**育て方や周囲の環境が悪いせいで発達障害になる、ということはない**のです。

ただ、環境を整えることで、いいところを伸ばしていくことはできる、ということはわかっています。

わが子の「でこ」も「ぼこ」も理解する

「うちの子にはでこぼこがある」と意識すると、どうしても「でこ」「ぼこ」のどちらかに注目しがちです。

ぼこの部分がとても気になって怒りすぎてしまったり、でこの部分の素晴らしさに舞いあがってしまったり……。

でも大切なのは、でこぼこではなく、そのお子さんです。

「でこ」「ぼこ」のどちらかだけにフォーカスせず、「ここはできるけれど、ここはできない」という観点で両方見ることが大切です。

人間同士ですから、わが子であっても、完璧には理解はできません。しかも、子どもは日々成長していきます。「?・」だらけになってしまうこともあるでしょう。

だから、客観的に検査をすることが必要ですし、子どもの行動を規制せずに観察して「なぜそうするのか」を考えることも大切です。

現在進行形で「今のこの子にはこれができる、これが苦手だ」「今はこんなことに興味がありそうだ」と見ながら「この裏には何があるんだろう」と、お子さんの気持ちや事情を想像し、理解を進めていきましょう。

味方を増やす

そのうえで大切なのは「味方を増やす」ということです。

残念ながらまだ「甘えだ」「親の育てかたが悪い」と発達障害を責める人は、存在しています。

特に家族など身近な人がそうだと、辛いですよね。

ひとりでがんばっていては追い詰められてしまいます。相談できる場所を探してつながっておきましょう。

福祉や医療を利用するのもいいし、学校の先生のなかにも、発達障害に理解のある人はきっといるはずです。

ご自身が潰れないためにも、お子さんのためにも、ぜひ**同じ目線で子どもを見てくれる味方**を見つけ、頼れる場所を増やしていってほしいと思います。

第2章

うちの子だけ？ 園生活での困りごと・対処法

集団生活が始まって気づく「気になる子」

「うちの子みんなと違う」、そう感じているママやパパたちには意外かもしれませんが、でこぼこちゃんはレアなケースではありません。２０２２年のデータでは35人中３人が発達障害（でこぼこちゃん）だったことがわかっています。

もし６人のでこぼこちゃん全員が小学校のクラスにいたとしたら……６人で、35人学級だったら約６分の１にもなります。

園や学校の先生は「気になる子ども」というフレーズをよく使います。
いい悪いでも、優劣でもなく、集団生活の中でちょっと気になる、という意味です。
少しだけ気になる子から大きく気になる子まで、その「気になる」度合いや状態はさまざまです。

自分の子どもだけを見ているママやパパは「子どもって、こんなものなのかな……」と、お子さんがでこぼこちゃんであることに気づかないままでいることも多々あります。

でも、**集団生活が始まると自宅で1対1で接しているときは気にならなかった個性が、気になる瞬間が出てきます。**

「周りの子となんか違うな」と、でこぼこちゃんの個性が際立つのです。

でこぼこ幼稚園へようこそ

個性があふれる「でこぼこ幼稚園」。あなたの周りにもこんな子、いませんか？

SCENE ▶ 園庭遊び

- 隅っこでずっと虫を見つめるこだわりちゃん
- 「あっちに行こう」「いやいや、こっち」「僕が一番」と、ピューッとかけていくキョロキョロちゃんとせっかちちゃん
- 砂を触りたくないビクビクちゃん
- 泥だんごをせっせと量産するゆっくりちゃん

・その泥だんごでお店屋さんごっこをしながら踏みつぶしているうっかりちゃん

SCENE ▼**おままごと**

・アドリブ連発の名演技、パパ役のキョロキョロちゃん
・仕切りは完璧、厳しいママ役のせっかちちゃん
・赤ちゃん役でお世話してもらうゆっくりちゃん
・お隣の奥さん役をそつなくこなすうっかりちゃん
・そんなみんなを観察して楽しむビクビクちゃん
・少し離れてひとりで積み木を並べているこだわりちゃん

SCENE ▼**運動会**

・「よーい、ドン！」の音が恐くて、耳をふさぐビクビクちゃん
・隅っこでしゃがんで葉っぱを集めるこだわりちゃん
・自分の走る順番がわからず、あれれ？　となっているゆっくりちゃん
・1等賞をイェーイと喜ぶせっかちちゃん
・トンボを追いかけて別方向に走るキョロキョロちゃん

・赤白帽を忘れているうっかりちゃん

SCENE ▼おゆうぎ会

・衣装の着方はちょっと違うけど、まあ踊れているうっかりちゃん
・ワンテンポ遅れて必死に踊るゆっくりちゃん
・踊らずただ立ちすくむこだわりちゃん
・キョロキョロしながら楽しそうに踊るキョロキョロちゃん
・モジモジして踊れないビクビクちゃん
・オーバーアクションで張り切るせっかちちゃん

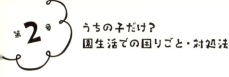

でこぼこちゃんの園生活での困りごと6選

園での困りごと① 落ち着きがなく、先生の言うことを聞けない

ほかの子はじっくり落ち着いて遊んだり、座って先生のお話を聞いていられるのに、うちの子だけが落ち着かず、せわしなく動き回っている……。

集団生活でわが子が「ちょっとほかの子と違う」とき、どうしたらいいでしょうか。

まずは担任に相談を

でこぼこちゃんの中には、あれが見えたらあっち、これが見えたらこっち、と興味を引かれた瞬間、体が動いてしまうお子さんが少なくありません。

「元気でいいわ」「子どもはそういうもの」と思っていたのに、園でほかの子と比べてみ

ると、明らかにうちの子は「気になる」とママやパパが気づくことがあります。

まずは園の担任に相談をしてみましょう。園での様子と家での様子をすり合わせることで、そのお子さんに適した接し方や支援のヒントが見えてきます。場合によっては主任先生や、園長先生との相談も必要になります。

集団での生活にサポートが必要だと判断されるときは**「加配」（支援）の先生**をつけるよう要望もできます。この先生は、お子さんが困ったときに助けてくれたり、落ち着いて授業を受けられるようにサポートしてくれたりします。園からすすめられたらぜひ積極的に検討してください。なお、手続きや基準などは自治体によって異なります。

良い行動を見つけてほめる

落ち着きのないでこぼこちゃんに対して、「ほかの子のようにちゃんとしてほしい」「しつけをしていない親だと思われたくない」という思いから、強く叱ってしまうママやパパが少なくありません。

けれど、これは「落ち着いて行動できるようにする」という面からは逆効果。

お子さんに行動を変えてほしいときは「ほめる」をベースにしたほうが効果的です。

「ほめるところなんてない」というママやパパもいますが、常に「良くない行動」だけをしている子はいません。お子さんをよく観察してください。必ずほめるべきタイミングがあるはずです。

たとえば、きょうだいにおもちゃを譲ってあげたとき、椅子の上に立たずに座っていられたとき、静かに待てたときなどです。「してほしい行動」を見つけるたびにほめましょう。

「譲ってくれてありがとう」「椅子にかっこよく座れているね」「静かに待ててすごいね」などと具体的な行動や動作をほめることを習慣にしていると、徐々にそういう行動が増えていきます。

そしてもうひとつ。**「こっそりほめる」**、これもポイントです。きょうだいやクラスメイトみんなの前でほめるより、実感が伴いやすく効果的です。

園での困りごと②　興味関心のある特定のものにしか集中できない

でこぼこちゃんの中には、おもちゃや遊びなど、決まったものにしか興味を示さず、特定のものだけに集中してしまうお子さんもいます。

園でみんなが歌っているときに、うちの子だけが、家と同じように寝転がって、電車で遊んでいる……でこぼこちゃんのママやパパはそんな様子に、不安になってしまうかもしれません。

よく知っているものは安心できる

同じおもちゃや同じ遊びばかりをするなど、こだわりちゃん、ビクビクちゃんなど、でこぼこちゃんが特定の何かにこだわるのには、理由があります。

いつもどおりの変わらないことに安心感を見いだし、苦手な「慣れないこと」への不

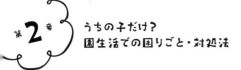

安を和らげようとしているのです。

☀ 少しずつ世界を広げていこう

ほかのものごとにも興味を持ってほしい、という親御さん気持ちはわかりますが、大事にしているお気に入りを否定されたり、とりあげられると、でこぼこちゃんは不安になり、反発し、より固執するようになります。

でこぼこちゃんの世界を広げるのに大切なのは、まず、でこぼこちゃんの好きなことやこだわりに興味をもち共感することです。

そのうえで少しずつ、興味の幅を広げることを考えます。

たとえば電車が好きなら、電車のおもちゃだけでなく、電車の描かれた本、電車の描かれたパズル、電車が主役の物語など、その子の好きなこと、興味やこだわりを否定せず、同時に新しい経験や興味をゆっくりと導入していきます。

ひとつのことに深く関心を持つのは、決して悪いことではありません。興味やこだわりは才能を伸ばす土台になる可能性もあると考えて、ゆっくり広げていきましょう。

園での困りごと③ お友だちのスピードについていけない

赤ちゃん時代はあまり気にならなくても、年齢が進むにつれて、お友だちのペースについていけなくなってしまうでこぼこちゃんもいます。

タイムトライアルを活用する

特にゆっくりちゃんのママやパパは、お友だちが先生の指示にキビキビ従っている姿を見て「ほかの子は、あんなにしっかりしてるの？」とカルチャーショックを受けてしまうかもしれません。

園生活では、じつはゆっくりでも心配はいりません。クラスにゆっくりちゃんがいると、キョロキョロちゃんやせっかちちゃんが「お世話係」を買って出てくれます。ゆっくりちゃんは、存在しているだけで、お友だちの優しい気持ちを引き出してしまうのです。

ただ、お世話をされるばかりでは、自分で生きる力はつきません。

お家では、時間を意識させるために、スマホのストップウォッチアプリや、キッチンタイマーなどを活用して練習してみましょう。

スモールステップで経験を増やす

少しずついろんな経験を積み重ねていきましょう。

たとえば、登園したとき、靴を自分で靴箱に入れる、カバンを自分でロッカーに入れる、など自分でできることは、自分でやらせます。

ほかのお子さんと比較すればゆっくりかもしれませんが、自分のペースで成長していることを認め、できたことはほめてあげましょう。

毎日の「自分でできる」が積み重なって自信につながります。

園での困りごと④

自分の思い通りにいかないとお友だちを傷つけてしまう

負けず嫌いで「自分が、自分が」と自己主張が激しかったり、お気に入りのおもちゃを取り合ってお友だちを傷つけてしまったり……。そんなでこぼこちゃんのママやパパは、もう少し譲ることを覚えてくれたらいいのに、と願うこともあるでしょう。

ものごとが自分の思い通りにならないと、激しく怒り出してしまうでこぼこちゃんもいます。

争いになりそうな場面を避ける

そんなでこぼこちゃんが集団生活でうまくやっていくためには、**競争や勝負になりそうな場面はできるだけ作らないのが得策です。**

たとえば、園にお気に入りのおもちゃがあって、お友だちに譲りたくないいなら、できるだけ早く登園して、独占して遊べるようにするとか、かけっこで一番にならないと癇

癇を起こすなら、ほかの子との競争ではなくスタートの係を担当させる……などの対応はできないか、先生に相談してみましょう。

いいところに注目しよう

集団生活ではどうしてもほかの子と比べがちですが、**ママやパパがほかの子と比べてわが子の短所にフォーカスしていると、本人も周囲と比べることをやめられません。**

比べるよりもその子のいいところを探してみましょう。

向上心がある、自分で決めたことをやり遂げようとする、小さい子の面倒をよく見てくれる、など長所もたくさんあるのではないでしょうか。

いいところに目を向けてほめ続けることで「今回は負けたけど、自分にはこういういいところもあるんだ」と、気持ちを立て直すのがだんだん上手になる可能性もあります。

負けず嫌いの傾向が強いでこぼこちゃんは、素早く気持ちを立て直すことができるようになったら、ビックリするほど能力が伸びていきます。

園での困りごと⑤ いつもひとりで遊んでいる

「先生、うちの子、園にお迎えに行くと、いつもポツンとひとりで遊んでいるんです」

ある親御さんがとても辛そうに言いました。

「みんなと仲良く遊べていない」という事実が胸に突き刺さるのですよね。

あなたもひとり遊びをしているわが子の姿に、心配になることはありませんか？

ひとり遊びは悪くない

ひとりで遊ぶのは、悪いことではありません。気にしなくて大丈夫です。

気に入った遊びを誰にも邪魔されずにひとりで楽しみたいこだわりちゃん。

刺激が少ないところで静かに過ごしたい、繊細すぎるビクビクちゃん。

そんなタイプのでこぼこちゃんは、お友だちに合わせるより、**むしろひとりで遊ぶほうが気が楽なのです。**


それに、ちょっと考えてみてください。

あなたは、幼稚園・保育園時代の同級生と今もお付き合いしていますか？

卒園してから何十年も経てば、１人か２人、いるかどうかなのではないでしょうか。

幼児期のお友だちと一生付き合うとは限りません。今のところは、１人か２人、ゼロでも、いいのです。

もう少し成長したらできるかもしれませんし、そもそも、**友だちはたくさんいたほうがいい、というのは大人の勝手な価値観です。**


お友だちの数よりも大切なのは、わが子が自分らしくいられるかどうか、です。

わが子がひとりで遊んでいても、本人が気にしていないなら、問題ありません。ママやパパは気にしなくていいのです。

園での困りごと⑥　運動会で、うちの子だけ踊っていない

学芸会、おゆうぎ会、運動会などでこんな経験はないでしょうか？

・ほかの子はちゃんと踊っているのに、うちの子だけポツンと棒立ち
・みんなが列を作って並んでいるのに、別方向に走って先生に連れ戻されていた
・イヤだと泣きながら舞台を投げ出し、ママ・パパのほうにやってきてしまった
・式典で先生の指示に従って立ったり座ったりするとき、うちの子だけタイミングが遅れている

わが子のそんな姿に心が痛む、というママやパパは多くいます。
でも心配しすぎはよくありません。そもそも、園や学校の行事は、特にビクビクちゃんやこだわりちゃんといった過敏なお子さんにとっては、高いハードルが何台も聳《そび》え立っているようなものです。

＼運動会など、行事の高いハードル／

・いつもと違う
・予測ができない
・大きな音
・注目を浴びる

☀行事の高いハードルを下げる工夫

先生の協力を仰いで、ハードルを下げる工夫をしていきましょう。

「いつもと違う」「予測ができない」というハードル

でこぼこちゃんの中には、場の変化に敏感で、いつもと違う雰囲気に不安を強く感じてその場を逃げ出したり、固まってしまったりする子もいます。

想像することが苦手なでこぼこちゃんなら、学芸会でお友だちや先生が鬼ヶ島の鬼、魔法使い、海賊などを演じることを、異常事態と感じてしまうでしょう。

行事の全体像がわからないと、とても不安に感じてしまう、次に何が起こるのかわからないという不安感から何も手につかない、ということもあります。

どんな風に行事が行われるのか段取りを説明したり、事前に写真や去年の運動会の動画を見せたりして予習をすることで「いつもと違う」「予測ができない」という不安をやわらげることができます。

「大きな音」というハードル

聴覚過敏があると、運動会で「パン！」という大きな音を恐がったり、おゆうぎ会でスピーカーから流れる音が不快で耐えられなかったり、ということもあります。音に圧倒されて動けなかったり、判断力が弱まったりすることもあります。

イヤーマフや耳栓などを付けるだけで大分違います。よーいドンの「ドン」が恐いときは、後ろから先生が耳をふさいであげるという対処の方法もあります。

「注目を浴びる」というハードル

みんなに注目されたい目立ちたがり屋のでこぼこちゃんもいますが、逆にたくさんの人に注目されるのがイヤでたまらない、というでこぼこちゃんもいます。

見られるのがイヤというでこぼこちゃんには、本人にできそうな役割を作ってもらうことをおすすめします。徒競走のときは、走るのではなくグラウンドの中で応援してもらうなど、注目を浴びずに参加できる方法を探してもらえないか園や先生に働きかけてみましょう。

☀できるところに目を向ける

みんなと同じように踊れなくても、その舞台にただ立っている、というだけで、でこぼこちゃんはすごくがんばっているかもしれません。

踊れなかった、ではなく、舞台に立てた、とできたところに目を向けましょう。

ママやパパにはまったくがんばっていないように見えたとしても、でこぼこちゃんは、やってみようと努力はしたかもしれません。その子なりに前に進もうとしていることも多いのです。

今、できないからといって一生できない、と決まったわけではありません。できないことをわざわざ数えて、嫌な気持ちになる必要はないのです。

大人になったら、おゆうぎやかけっこが必要な場面はほとんどありません。悲観する必要はまったくないのです。

第3章

どうすればいいの？ 受診と入学準備

「僕もそうだったから」では気づけない

ある小学校に、ひとりのでこぼこちゃんが転校してきました。

前の学校からの申し送りで普通学級に通っていますが、そのお子さんは小学校4年生でひらがなが読めません。授業中はただボーッと座っているだけ。

「この状態は本人にとって良くない」と担任の先生は両親を呼んで話しました。

しかし、お父さんは、**「子どもの頃、僕もそういうところがありました。字も書けなかったですし」**と言います。

お父さんは、ある有名なＡＩを開発した優秀な技術者ですが、子どもの頃はまったく勉強ができなかったそうです。でも、このままでいいとは思えない……。悩んだ担任の先生は、校長先生を通して「専門家からご両親に話してほしい」と私に依頼してきました。

私はお父さんに言いました。

「お父さんの子ども時代にそっくりだとしても、早期に適切な働きかけをしたら、お父さんのようにもっと能力が伸びる可能性があると思いませんか？」

お父さんは「あ、そうですね」と理解して、受診してくれました。

お母さんは、「専門家から言っていただけて良かったです」とほっとしていました。以前から医療関係を「受診したほうがいい」とお父さんに何度も訴えていたのに「僕もそうだったから」ではねのけられてしまっていたそうです。

このように**「僕もそうだったから」というフィルターがかかって、お子さんのでこぼこに気づけないママやパパは多くいます。**

また、おじいちゃん、おばあちゃんが「うちの息子の小さい頃にそっくりだからいいんだ」と主張しているために療育につながらない、という残念なケースがよくあります。

でこぼこは遺伝する？

そうなると、でこぼこは遺伝するの？　と気になるかたもいるでしょう。

１００％遺伝ではありませんが、無視できない程度に遺伝の影響もあると考えられます。

人の顔かたちや体型は遺伝である程度決まります。たとえば、背の高いママとパパの間に生まれたお子さんは、高身長であることが多いでしょう。骨格や顔が似るように、脳の形やタイプも親に似るのです。

お子さんがでこぼこちゃんであることをきっかけに、ママやパパも発達障害があることがわかった、という例もあります。

でこぼこのある2人のお子さんの子育てをつづった『親子アスペルガー』の著者、兼田絢未さんが自身の発達障害を知ったのは、小児科の待合室でたまたま読んだ雑誌で発達障害のことを知ったのがきっかけです。

「私と長男にそっくり！」と受診した彼女は37歳で診断を受けました。

でこぼこのあるお子さんも、適切なケアをすることによって、可能性を伸ばすことができます。脳の発達を考えると早ければ早いほうがいいのです。

「自分に似ているから」「夫（妻）の幼少期にそっくりだから」という理由で放置するのは、お子さんにムダな苦労をさせることにつながります。

気になったら最初に担任に相談を

「うちの子のでこぼこが気になる」

そう思っているけど誰に相談していいのかわからないとき、私がおすすめする最初の相談相手は、**園または学校の担任の先生**です。

・お迎えに行ったとき、さりげなく聞いてみる
・連絡帳に気になることを書いて相談する
・個人面談でじっくり相談する

日々の気になることを伝え、園や学校での様子を聞いてみましょう。

「うちの子、発達段階としてどうなんでしょうか?」と質問してもかまいません。

大勢の子どもと接しているプロの目から見て、その個性が一般的な範疇に収まるのかどうか、月齢による差も踏まえて答えてくれるはずです。

たとえ新卒でも先生は保育のプロですし、保護者が担任に相談した内容は主任先生や園長先生にも共有されます。


気になったら、なるべく**「早め」**に聞くことをおすすめします。

なぜかというと、「療育」につながるのは少しでも早いほうがその効果が出やすいから

です（療育については後述します）。

また、園から「発達に問題があるかもしれません」と言われるより、こちらから聞いたほうが心理的ダメージが少ないから、という理由もあります。

担任の先生が気づいていない場合は、普段の様子をちょっと気にかけてもらうため、という理由もあります。

園の先生とは相談できる信頼関係を築いておきましょう。

なかには「おうちの人が相談してくれたら、園での気になる様子を伝えようと思っていた」というケースも少なくありません。

公的機関に相談する

園の先生のアドバイスを受けて、やはり気になる場合は、公的な専門機関に相談します。

地域によって呼び方は違いますが、次のような施設で相談できます。

・保健所
・保健センター
・子育て支援センター
・療育センター
・発達障害者支援センター　など

電話やメールなどで相談できる窓口や、大人だけで相談できるところもあります。対応は自治体によって違うので、詳細は市区町村のHPなどで確認してください。専門機関に相談することで、どうしたらいいのか次のアクションが見えてきます。

発達専門の医療機関で診察を受ける

園や学校でアドバイスを受け、公的機関で相談した後は、医療機関に相談します。発達障害かどうかの診断は、医師にしかできません。

おすすめは**地域の小児科ではなく、療育センターの診療所、または児童精神科医や発達**

外来などの専門医です。

どちらも、混雑していて予約がとりにくいのが現状ですが、発達を専門としていない小児科を受診した場合、療育に必要な診断を得るためには、そこから地域の療育センターの診療所や専門医に紹介状を書いてもらって、予約して受診、という遠回りをすることになります。

はじめから療育センターの診療所か発達の専門医を予約して受診するほうがスムーズなことが多いようです。

どんな診察をするの？

療育センターの診療所では、医師は保護者から情報を聞き取りながら、さまざまな検査を行い診断します。

一度の診察では診断ができず、何度か検査や経過観察をするケースもあります。検査を受けにくるお子さんの数が多いだけでなく、「様子を見ましょう」という考えの先生もいるため、診断には半年以上かかることも珍しくありません。

一般に、困りごとが多いでこぼこちゃんほど、周囲の人が早く気づくので、適切な療育につながりやすく、程度が軽いほど気づくのが遅くなりがち、という傾向があります。

主な診察内容

・行動観察（お子さんの行動や反応を専門家が直接観察します）
・面接（家庭での様子や発達歴について保護者とお子さんから詳細に聞き取ります）
・心理検査（絵を描かせるなどの検査で、お子さんの感情や性格を分析します）
・発達検査（言葉の理解や身体の動きなどを、チェックします）
・知能検査（WISC、新版K式発達検査など、標準化されたテストを実施します）
・感覚検査（視覚や聴覚の機能を専門的な機器やテスト

キットで評価します）

・併発しやすい障害や病気の検査……など

未就学児の知能検査でよく使われるのは、WISC検査と、新版K式発達検査です。

・WISC検査

5歳0ヶ月から16歳11ヶ月までの子どもが受けられます。これは子どもの知能を細かく評価し、得意なことを伸ばし、苦手なことをサポートするのが目的です。発達障害の確定診断によく使われる検査です。

・新版K式発達検査

2歳から大人まで受けることができ、年齢に応じた発達水準を検査します。発達障害の確定診断には使われません。

診断はスタートライン

診断が確定すると、診断書や意見書が発行されて、さまざまな支援が受けられます。障害や制度について、本来は専門家からくわしく説明をすべきだと思いますが、必要な情報も保護者のほうから求めないと得られないケースもよくあります。

どう手続きをしたらいいのか、どんな支援があるのかなど、専門家に質問したり、調べたりして、自分から情報を取りに行きましょう。

診断はゴールではありません。でこぼこちゃんの能力を伸ばすためのスタートラインです。

しかし、なかには「もう診断を受けたのでいいでしょう」と考えるかたもいます。

これは大きな誤解です。

「支援学級に入れました。あとはもう学校にお願いします」では、でこぼこちゃんの能力は伸びません。

しかも「学校が当然全部やってくれるはずだ」と思い込んでいる人ほど、学校の先生にはうるさく注文を付ける傾向があります。

「うちの子にはこうしてください、障害があるからこうなんです、ああなんです！」

保護者は子どものために、良かれと思って学校に言うのですが、一向に状況は良くなりません。

それよりも、療育に行って、そのお子さんの脳の「ぼこ」（＝未発達な部分）を伸ばし、

「でこ」（＝すぐれたところ）を活かす方法を考えるほうが、みんながハッピーになるのに……と私は思います。

療育とは、専門職のもと、でこぼこちゃんの可能性を伸ばす働きかけや訓練のことです（くわしくは93ページで解説します）。

私はでこぼこちゃんにとって、療育はマストだと考えています。

療育を受けるか、受けないかで、ママやパパの育てやすさも、お子さんの将来も大きく違う、という事実があります。

百歩ゆずって「でこ」の部分はいいかもしれませんが、**「ぼこ」の部分は放置せず、プロの力を借りてフォローすることを強くおすすめします**。

療育を受けるにはまず「療育センター」に連絡するのが最初のアクションです。

「手帳」があると支援が受けやすい

自治体では、発達障害と診断された人に「療育手帳」「精神障害者保健福祉手帳」を発行しています（療育手帳は都道府県によって名称が違い、「愛の手帳」「緑の手帳」ともいいます）。

手帳を持っていると、医療費の助成、税金の減免、障害者枠での就職や試験への応募、障害年金の申請、特別支援学校への進学など、メリットがあります。

また、障害の程度に応じて一定額が支給される特別児童扶養手当もあります。

手帳があっても、なくても、そのお子さん自身の何かが変わるわけではありません。

しかし、手帳があれば利用できる制度や支援が増えますし、でこぼこちゃんの特性を理解する手がかりも増えます。

将来、不要になったら返すという選択肢もありますから、手帳が得られるようであれば、もらっておくことをおすすめします。

「発達障害」の診断がつかない場合

でこぼこが気になると医療機関に連れて行っても、発達障害の診断がつかないこともあります。

だからといって、でこぼこちゃん自身か周囲が困っているなら「問題ない」とは言い切れません。

医師も人間ですから、見逃すケースもあるのです。現時点では判断できず、「もう少し様子を見ましょう」などと先送りする医者もいます。時期を見てもう一度受診するか、セカンドオピニオンをおすすめします。

診断がついても、つかなくても子育ては続きます。

診断があるかないか、発達障害があるかないかに関係なく、そのお子さんのでこぼこを個性として尊重して関わっていくことが大切です。

でこぼこちゃんが、さまざまな公的サポートを利用したり、支援を受けたりするためには、多くの場合「発達障害」と診断されるか、医師による意見書が必要です。

でも診断がつかないからといって、利用できないわけではありません。割高にはなってしまいますが、自費で療育に通うことは可能です。

障害告知 する？ しない？

障害告知とは、でこぼこちゃん本人に「あなたは発達障害がある」と伝えることです。障害告知をするかしないか、でこぼこちゃんのママ・パパなら一度は考えたことがあるのではないでしょうか。

自分自身を理解する方法のひとつとして、診断名を伝えるのは有効ですが、伝えかたには注意が必要です。

たとえばキョロキョロちゃんに対して「あなたはＡＤＨＤですよ」と告知するだけでは足りません。

「ＡＤＨＤという診断がつくんだけど、あなたの場合は、キョロキョロしちゃう、多動。いろんな刺激が多くなると、もっとキョロキョロになっちゃうよね」と、**そのお子さんの特徴や中身を伝えることのほうが大事**です。

障害告知には、本人や関わる人がレッテルだけ貼って中身を見なくなる危険性がありま

す。

日常生活を送るうえで「発達障害」の診断がついているか否かは、それほど重要ではありません。

それより「自分はここが得意で、ここが苦手」といった自分自身の「でこ」と「ぼこ」を理解することのほうが重要ですよね。

自分で調べてしまったら?

情報があふれ返る現代社会、YouTubeやSNSなど、お子さんの目に触れやすい場にも、発達障害の情報が多くあります。

ママやパパはまだ伝えるつもりはなかったのに、でこぼこちゃん自身がインターネット等で調べた、という事態もよくあります。

いきなり伝えられてショックを受けずにすむことや、お子さんが自発的に自分自身を知るというメリットはありますが、インターネットにある情報のすべてが正しいわけではありません。インターネットの情報を鵜呑みにしてしまうととても危険です。

お子さんが、インターネットから間違った情報や、マイナスな情報ばかりを拾ってしまうこともあるでしょう。

そんなときに思い出してほしいのが、**インターネットにはそのお子さん自身についての情報は書いていないということ。**

どんなところが素敵で、どんなことを苦手としているのかは、実際に本人を知る人に聞かなければわかりません。お子さんには、パパやママ、先生、療育施設の職員など、本人を知る第二者、第三者からも聞いてみたほうがいい、と伝えてあげてください。

でこぼこちゃんの可能性を伸ばす「療育」

療育は、「治療」の「療」と、「教育・保育」の「育」を組み合わせた言葉です。障害を持つお子さんが自立し、発達するため、そのお子さんにマッチした専門的な支援を行います。

日常生活や集団生活で必要なスキル、たとえば身体の動かしかた、学習、コミュニケーション能力の向上などのプログラムがあります。

といっても、難しいことはありません。子どもたちにとっては、優しいお兄さんお姉さんと遊びながら、自分のいいところを引き出してもらい、自己肯定感が育つ、とても楽しい場所です。

療育は中学生以上になっても受けられますが、早くはじめるほうが効果があります。受けられるのは一般的には3歳前後から（0歳から対応する施設もあります）。

主に地域の療育センターや発達支援センター、また、6歳までは地域の児童発達支援事業所、6歳から高校生までは、同じく地域の「放課後等デイサービス」等で療育を受けることができます（療育を主体としていない「放課後等デイサービス」もあります）。

療育は発達障害のあるなしにかかわらず、お子さんの脳の発達をうながします。「少し気になる」でこぼこちゃんならば、やってみる価値はあるでしょう。

不登校の背後には、発達の問題が潜んでいることが多いため、療育は不登校の子にも効果があることがあります。

療育の費用は医療と福祉によって違いはありますが、福祉ならば9割が公費で、家庭の負担は1割程度です。

その場合、1回1000～1500円程度を月ごとにまとめて支払います（前年の所得によって上限金額が決まっています）。

療育を受ける手続き

福祉での療育を受けるための手続きは、地域によって異なりますが、次のようなステップで進むことが多いようです。

1：利用相談
市町村の福祉相談窓口や障害児相談支援事業所で、相談や施設見学の日程を決めます。

2：施設見学・相談
希望する療育施設を訪れ、具体的な相談を行います。必要に応じて施設利用計画を立ててもらえます。

3：申請書の提出
療育施設利用に必要な「受給者証」を取得するため、申請書を提出します。

4：審査・調査
お子さんに必要な療育内容を検討するため、審査や調査が行われます。

5：受給者証の交付

受給者証を受け取ったら、療育を始めることができます。

療育を担う専門家たち

施設によりますが、療育ではさまざまな専門家が協力し合いながら、でこぼこちゃんひとりひとりに特化した治療や教育を提供しています。

作業療法士（OT）

総合的にでこぼこちゃんと保護者をサポートする専門家。

運動や遊び、日常の活動、学び、社会参加などで困難を感じているでこぼこちゃんを、さまざまな活動を通して専門的な知識で支援します。

でこぼこちゃんとどう接していいのか、悩んでいる保護者や学校の先生に対して説明するのも作業療法士さんの仕事です。

言語聴覚士（ST）

言葉によるコミュニケーションをサポートする専門家。

言語、発声、聴覚、認知などの機能に課題があるでこぼこちゃん、発音がはっきりしないでこぼこちゃんを言語聴覚療法で支援します。

「言葉の教室」「きこえの教室」などのほか、文字を読むのが難しいでこぼこちゃんに学習指導をすることもあります。

理学療法士（PT）

運動療法や、運動機能の向上をサポートする専門家。

運動が苦手だったり不器用なことが多かったりするでこぼこちゃんと一緒に楽しく体を動かして、体の使いかたや感覚をはぐくむ支援をします。

一緒に遊ぶことで、でこぼこちゃんに人と気持ちを通わせることの楽しさを体感させる、という効果も考えています。

心理指導担当職員

心理学の面からでこぼこちゃんの発達をサポートする専門家。

でこぼこちゃん本人とその家族へのカウンセリングや相談などの支援を担当しています。

ソーシャル・スキル・トレーニング（※1）や、ペアレント・トレーニング（※2）など、でこぼこちゃんと家族に必要なトレーニングを行います。

※1　ソーシャル・スキル・トレーニング（ＳＳＴ）
でこぼこちゃんが友だちと上手に遊んだり、学校や家庭でスムーズにやっていくために、人とのコミュニケーションや関わり方を学ぶトレーニングです。「あいさつの仕方」「順番を守る」「感情を適切に表現する」など、日常生活で必要なさまざまなスキルをロールプレイ（役を演じること）やグループディスカッション、ビデオ鑑賞などで楽しみながら高めます。

※2　ペアレント・トレーニング
でこぼこちゃんのママやパパに向けた子育てのスキルを高めるプログラムです。グループワークなどで、お子さんとの効果的な接しかた、ルールを設定して守らせる方法、ほめて励ます方法などを学びます。お子さんの感情や行動の理由への理解が深まるため、お子さんとの関係が良くなり、家庭内がより穏やかになることが期待できます。

【小学校】でこぼこちゃんは４つの教室から選べる

でこぼこちゃんは小学校では４つの教室のどれかを選ぶことになります。よくわからない、迷っているというかたのために左表にまとめました。

教室パターン	1クラスの人数	特徴	向いてるお子さん	その他の情報
普通学級	約35人	支援員をつけてもらえるかどうかは市町村によって異なります。	一般的な教育環境で問題なく学べるでこぼこちゃん。	手厚いケアは期待できません。
通級	―	特定の時間に通って、その教室で必要な支援を受けます。	言葉の遅れや、さまざまな特性で困っているでこぼこちゃん。	週に1時間など、特定の時間に通います。
支援学級	約８人	地元の小学校の中にあり、普通学級より手厚い支援が受けられます（設置のない学校もあります）。	発達は気になるけれど、地元の小学校に通いたいでこぼこちゃん。	普通学級とは授業数が異なる場合もあります。
支援学校	3～８人	非常に環境は整っていますが、入学するための条件が厳しく、対象外のお子さんもいます。	IQが一定以下など、特定の基準に当てはまるでこぼこちゃん。	保護者が望む場合、支援学級を選ぶこともできます。

選択① 普通学級か、支援学級か

発達障害の診断がついていても普通学級に行くお子さんもいます。

普通学級に通うメリットは、ほかの子たちと同じように学びの機会が与えられること。デメリットは教室のざわざわした雰囲気の影響を受けてしまうこと。

いったん支援学級に入っても、希望すれば普通学級に転籍することは可能ですから、本人や周囲の成長に合わせて、居場所を変えるという考えかたもできます。

ある保護者は、周りの子も賑やかな1年生から3年生までは支援学級で手厚くしてもらって、普通学級の子たちが落ち着いてくる4

年生から普通学級に転籍しました。

でこぼこちゃんは、授業中にフラフラ立ち歩いたり、集団生活で疲れすぎたりしてしまうことが少なくありません。

発達障害の診断を受けている場合、園のときと同じように（63ページ）支援員（加配の先生）を申請することが可能です。

選択② 通級に行くか、行かないか

普段は普通学級か支援学級で学びながら、通級指導教室（通級）にも行く、という選択肢もあります。

通級は、週に数回、特定の課題に焦点を当てた専門的な支援を行う教室です。たとえば、言葉の理解が遅い、感情をコントロールするのが難しい、ＡＳＤ（自閉スペクトラム症）の特性による理解の困難さなど、お子さん特有のニーズに合わせた支援を受けられます。

週に1時間など、時間やコマ数が決まっており、普通学級で困りごとを抱えてしまったお子さんが特定の時間だけ通級に出向く、というのが一般的です。

選択③ 支援学級か、支援学校か

支援学級か支援学校かという選択肢もあります。

支援学級に行かせるのは、保育園や幼稚園から一緒だったお友だちと共に成長してほしい（でも普通学級では難しそうと感じている）かた、支援学校は、できるだけ整った環境でお子さんを学ばせたいかた、という傾向があります。

いずれにしても、地域によっても対応に違いがありますから、**お住いの地域にお子さんを実際に通わせているかたの話を聞いて判断することをおすすめします。**

支援学校を選ぶには、障害者手帳や診断書など、特定の条件を満たしている必要があります。希望する場合は、事前に必要な手続きや条件を確認することが重要です。

でこぼこちゃんの入学準備は年中さんから

普通学級に入る場合は、年長さんの11月頃に就学説明会がありますが、支援学級、支援学校の準備はもっと早くから始まります。

支援学級、支援学校を希望する場合は、年長さんの4～6月頃に行われる就学相談を経てから申し込みます。

就学相談の際に診断書が必要な自治体もあります。診断書が出るまである程度の期間がかかることを考えると、**でこぼこちゃんの入学準備は、年中さんから意識して動く必要があります。**

☀情報収集は積極的に

手続き上の準備だけでなく、お住まいの地域の生の情報収集も積極的に進めていきましょう。

多くの学校では「学校公開日」を設けています。実際に足を運んで、どんな子たちが学んでいるのか、わが子に合っているのか、という視点で見学しましょう。

同じようなお子さんを持つ先輩ママ・パパの話を聞きに行くこともおすすめしています。支援学級は実際どうなのか、支援学校を選んでどうだったのか、通級は負担にならないのか、放課後等デイサービスとは？　など、直接聞いてみるとインターネットや説明会にはない情報が得られます。

でこぼこちゃんの学校選びにあたっては「普通はこうだ」という先入観からは抜け出し、できるだけ幅広く検討することが大切です。

「うちの子にとってはどうなのか」を軸に選べるのは、お子さんのことを一番知っているママ・パパなのですから。

普通学級との交流

現在、文科省は国際的なインクルーシブ教育の流れに合わせて、**さまざまな障害のある子どもをなるべく普通学級と一緒に授業を受けさせるように**、という通達を出しています。これは「協力学級」「交流学級」などともいいます。

たとえば、通常は支援学級で、国語と算数と生活の授業は協力学級で受けさせる。つまり限られた教科のみ普通学級で授業を受け、ほかの時間は支援学級に戻って来る、というように、できるだけ普通学級にいる時間を増やそうというものです。

普通学級に参加することがでこぼこちゃんを伸ばす支援になるかはわかりませんが、今、小学校でそういう流れがあることを知っておきましょう。

「普通学級が一番いい」という思い込み

「どうしても普通学級がいいんです！」

「普通学級でないとダメだ、と義父母に言われてしまいました……」

そんなママ・パパがときどきいます。

でも、**「普通学級が一番いい」というのは、誤った思い込みです。**

そもそも、学校や学級に一番も二番もありません。たまたま「普通学級に向いている子」の数が多いから「普通」と言われているだけ。

「普通」の枠からはみ出してしまうことの多いでこぼこちゃんには、居心地の悪い場所かもしれません。

支援学級から公立大学へ進んだA君

広島の公立大学に通っているA君は、小学校1年生から6年生までは支援学級に通っていました。

彼はせっかちちゃんタイプで、勉強はできるのですが、自分が一番でないと怒ってイライラしてしまうところがありました。

知的な遅れはないので、行こうと思えば普通学級でも大丈夫でした。しかし、もし普通学級に進んでいたら、毎日友だちとぶつかり、荒れてしまうだろう……そう考えたご両親は彼をあえて支援学級に入れました。

ゆっくりちゃんやうっかりちゃんなど、いろんな子がいる環境で、相手をフォローする人間関係を学んでほしい、と考えたのです。

でこぼこちゃんの「でこ」を潰さず、「ぼこ」を底上げするには、「みんな」と一律の教育環境では足りません。

お子さんにあった居場所は必ずあります。どんな学校・学級でもいい、そのお子さんを伸ばす学校・学級が一番いいのです。

第4章

誰に相談するべき？学校生活での困りごと・対処法

小学生になるとでこぼこが目立つ

遊びが中心で比較的自由に過ごせた幼稚園・保育園と違い、小学校では時間割によって活動内容が決まっており、しかもじっと椅子に座って授業を受けることが中心になります。キョロキョロちゃんやせっかちちゃんなど、エネルギーの高い子は、授業中にうろうろしてしまったり、授業に積極的すぎて自分ばかり発言したがったり、がまんができないのでお友だちとトラブルになりやすかったりするなど、学校の先生を悩ませてしまいがちです。

また、**小学校では持ち物が増えます**。机やロッカーなど自分自身で管理しなければならない場所も増えるため、自己管理の力が必要になります。

けれどもキョロキョロちゃんやうっかりちゃん、ゆっくりちゃんはモノの管理をすることと、忘れ物をしないことがあまり得意ではないことが多いのです。

とにかく、**小学生になるとでこぼこは目立ちます**。

身だしなみ、忘れ物、宿題、黒板の文字を写すこと、教科書を読んだりノートに書き込んだりすること、そしてお友だちとの関係など、小学校にはでこぼこを目立たせてしまうハードルがとてもたくさんあります。

自分で気づいて「なんとかしよう」と考え始めるのは、小学校3〜4年生以降です。小学校低学年くらいの子どもは、自分のことをうまく振り返れないため、でこぼこのまま、ありのままの自分で行動してしまうのです。

でこぼこ小学校へようこそ

SCENE ▼授業中①（先生が困っている）

・「先生トイレ」と手を上げるキョロキョロちゃん
・ひとりで図鑑を見ているこだわりちゃん
・教科書を忘れて欠伸《あくび》をしているうっかりちゃん
・イライラした様子でちゃんと座っていられないせっかちちゃん
・ただボーッとしているゆっくりちゃん
・一番前の席で周りが気になって集中できないビクビクちゃん

SCENE ▼授業中②（こだわりちゃんが発表している：先生は見守っている）

・昆虫について熱く語るこだわりちゃん
・みんなに資料を配っているキョロキョロちゃん
・よくわかっていないゆっくりちゃんに個別で説明しているせっかちちゃん
・教科書を忘れたけれど資料があるので問題ないうっかりちゃん
・一番後ろの席で安心して聞いているビクビクちゃん

SCENE ▼給食

・すごい勢いでかき込むせっかちちゃん
・食べるよりおしゃべりに夢中なキョロキョロちゃん
・ポロポロこぼしながら食べるうっかりちゃん
・食べられるものが少ない……と固まるビクビクちゃん、ゆっくりちゃん、こだわりちゃん

SCENE ▼休み時間

・ひょうきんな仕草をしているキョロキョロちゃん
・それを見て大笑いするうっかりちゃん
・面白さがよくわかっていないゆっくりちゃん
・ゆっくりちゃんに解説しているせっかちちゃん
・少し離れてみんなを見ているビクビクちゃん
・ひとりで図鑑を読んでいるこだわりちゃん

先生との連携が大切

小学校に入学すると、保育園・幼稚園との大きな違いに驚かされます。園では、子どもたちは遊びを中心に活動し、先生方からのケアも比較的手厚いですが、小学校では時間割で決められた授業が生活の中心です。クラスが大きくなり、さまざまなクラスメイトとの関わりが増えます。

保護者と担任の関係も大きく変わります。朝の送り、夕方のお迎えで先生と顔を合わせる機会があった園とは違い、担任の先生の顔を見るのは、呼び出されない限り、行事や授業参観など特別な機会だけ、となるでしょう。

そんな中で、**ママやパパが担任の先生とうまく連携できるかどうかで、でこぼこちゃんの学校生活は大きく変わります。**

でこぼこちゃんが小学校に上がるときに「この子にはこういう特性があるので、こういう対処をお願いします」と学校に伝えましょう。

ある程度は保育園・幼稚園から申し送りがあるはずですが、あまり詳細でないことも少なくありません。ママやパパから直接伝えるほか、後述する保育所等訪問支援事業などを利用して専門家から伝えてもらうこともできます。

「うるさい親だと思われるんじゃないか」「忙しい先生にこんなことを言ったら悪いんじゃないか」という忖度《そんたく》は、かえってよくありません。

なぜみんなと同じようにできないのか、なぜ先生の指示に従えないのか、その理由がわかっていれば、先生方も日々の指導に活かすことができます。

私はよく、保護者会などの子どもがいない集まりで、でこぼこちゃんのママ・パパに、でこぼこちゃんの取扱説明を話してもらいます。クラス内でトラブルを起こしそうなとき、こういうやりかたも有効です。

学校と親との仲介役となる保育所等訪問支援事業

先生にわが子のことがうまく伝えられなかったり、専門家からしっかり伝えてほしいときに利用できるサービスが「保育所等訪問支援事業」です。

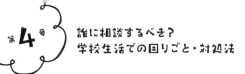

「保育所」とついていますが、小学校、中学校、高校でも使えるサポートです。

作業療法士など専門家がヒアリングして、家庭から学校へ、あるいは学校から家庭へ言いにくいことや困っていることを伝えてくれます。

対象は都道府県によって違います。基本的には発達障害の診断書が出ているお子さんのための事業ですが、意見書でも利用できる都道府県もあります。

でこぼこちゃんの学校生活での困りごと10選

学校での困りごと① 朝起きられない

「朝、起きられない」

でこぼこちゃんのママ・パパの多くが、この問題に悩んでいます。うちの末っ子もそうでした。遅刻するから早くしなさいと言っても、わかっているはずなのに動けず、ゆっくり身支度をしていました。

つい口うるさくなってしまいがちですが、でこぼこちゃんが朝起きるのが苦手なのには、理由があります。

でこぼこちゃんが朝起きられない理由

・感覚過敏のためわずかな光や音ですぐ目覚めてしまい眠りが浅くなっている
・夜型の生活リズムになっている
・運動不足
・起立性調節障害
・睡眠覚醒障害
・低覚醒……など

朝スッキリ起きるためには、生活リズムを整え、夜は早めに床につく、部屋を暗くして寝る、朝日を浴びる、午前中に運動をする、などの方法があります。

でも、一通りやってみて、それでも効果がないから困っているのですよね。

朝好きなことをさせる、という方法は有効かもしれません。

ゲームの好きなお子さんに「朝は登校時間までいくらでもゲームをしていい」としたところ、進んで早起きするようになったという例もあります。

私が対応策としておすすめしているのは、朝一番で、歯ごたえのあるものを食べさせること。

たとえば、硬めのカリカリしたお菓子、噛み切るのに少し力のいるベーグルなど、お子さんの好きな食べ物で試してみてください。

覚醒レベルの低さが関係している

朝が極端に弱い理由のひとつが**「覚醒レベルの低さ」＝「低覚醒」**です。

でも「覚醒レベル」なんてほとんどの方が初耳ではないでしょうか？

私たちの意識は「眠っている」と「起きている」との間に、さまざまな状態があります。

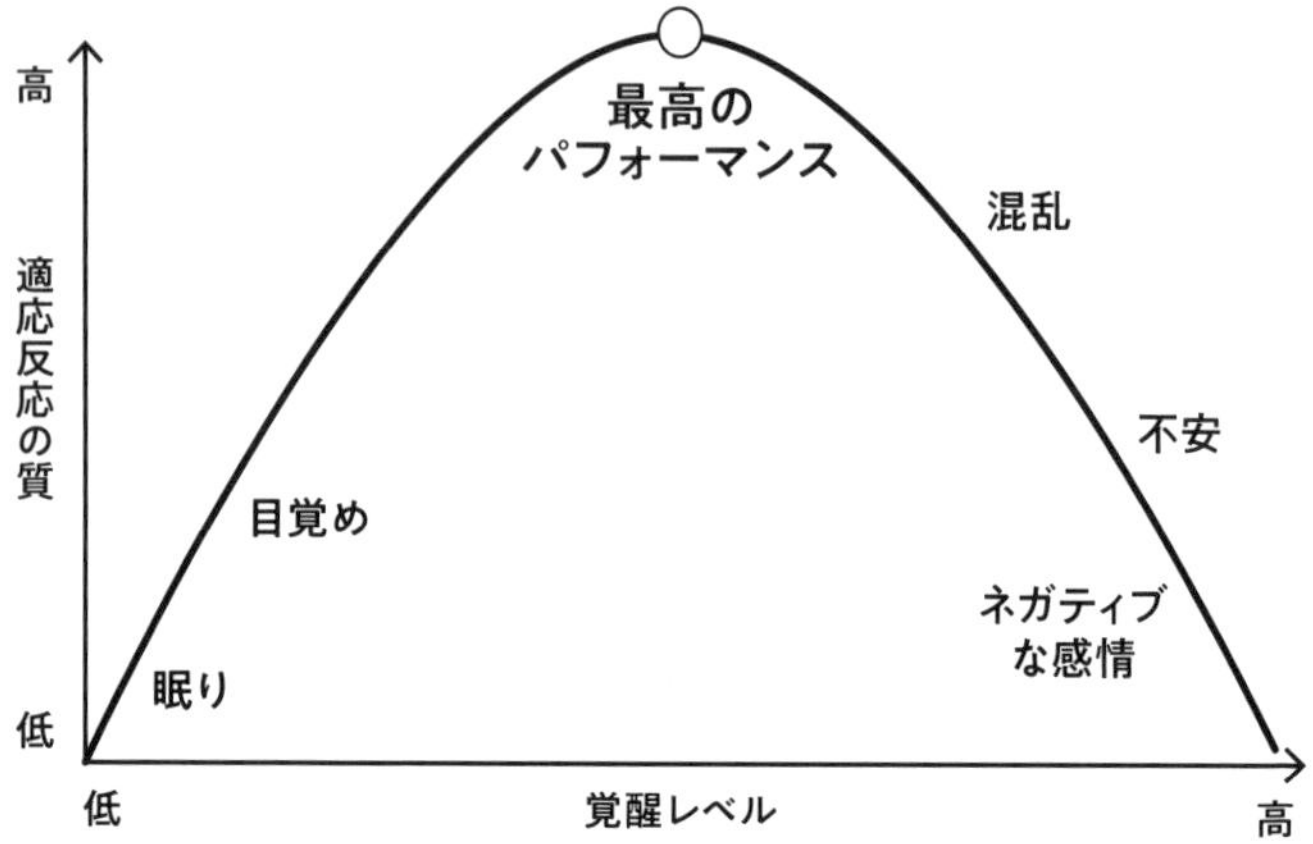

起きていてもぼんやりしていたり、シャキッとしていたり、「眠っている」といっても呼んでも起きない熟睡状態もあれば、小さな物音ですぐに目覚める浅い眠りもあります。

意識がどれくらい覚醒しているのか、覚醒レベルをグラフにすると図のような逆Uの字になります。

覚醒が下がるとぼんやりして、上がりすぎると興奮状態になります。覚醒の状態は無意識に調整しています。適度に覚醒していることが生活や勉強のパフォーマンスを向上させます。

でこぼこちゃんは全般的に覚醒が低いことがわかっています。

覚醒レベルが低い状態は、たとえて言えば、私たちが寝不足でボーッとしているような感じです。ゆっくりちゃんやのんびりちゃんはそのままですね。

こだわりちゃんやビクビクちゃんは覚醒レベルが下がって前頭葉が働きにくいときに、こだわりが強く出てしまいます。

せっかちちゃんやキョロキョロちゃんなど、多動性や衝動性の高いでこぼこちゃんは「覚醒レベルが高そう」と思われがちなのですが、低かったり急に高くなったり、興奮したりするのです。

たとえば、深夜に眠くてハイテンションになったり、とても疲れているときにイライラしてしまったり……というのと同じです。

脳の覚醒レベルが急に高くなったり低くなったりすることが、多動的、衝動的になってしまう原因なのです。


ボーッとしていて成績がおもわしくないでこぼこちゃんを検査してみると、実は知的には高かった、という例を数多く見てきました。覚醒レベルが低いため授業の内容がまったく頭に入っていなかったのです。

そういったお子さんは、覚醒レベルを上げるだけで、どんどん伸びていきます。

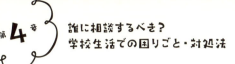

☀覚醒レベルを上げるには

脳の覚醒レベルを上げるには、どうしたらいいでしょうか。

人間は耳の奥にある三半規管や耳石で重力や自分の身体の傾きを感じています。それがうまく捉えられないと、覚醒を調整することが難しくなります。そこで、三半規管に近いアゴ周りの筋肉を動かし、刺激することで覚醒レベルを高めるのです。寝起きの悪いでこぼこちゃんに、歯ごたえのあるものを食べさせるという方法をご紹介しましたが、これは**三半規管に直接刺激を与えるためです**。

アゴだけでなく、全身を動かして、関節や筋肉に刺激を加えるのも、覚醒レベルを上げるのに効果があります。

小中学生の頃に私たちの施設を利用していた数学科の大学院生は、試験前になると「先生、トランポリンを跳ばせて」とやってきます。なぜなのか聞くと「トランポリンで神が降臨するんだよね」とのこと。

トランポリンで覚醒レベルが高まり、記憶力や思考力なども改善されることを実感しているそうです。

ＩＴ系の職場などで椅子代わりにバランスボールが置かれている理由も同じです。バランスボールに座ると、**身体が不安定になるため、脳が覚醒します。**

関節や筋肉に刺激を与えるには、室内用トランポリンやバランスボールのほかに、平たい台車の上に乗って、手や足で漕いで遊ぶ「スクーターボード」も有効です。療育でも取り入れていますが、自宅に置いて、遊びのひとつとして日常的に使わせてみるのもおすすめです。

学校での困りごと② 衣類が気になって朝の支度が進まない

制服を「チクチクして嫌」と言って着たがらなかったり、着古した同じ服ばかり着たがったり……。でこぼこちゃんの中には、肌の感覚が過敏で、着られる服が限られてしまうお子さんが少なくありません。そのため、朝の支度に時間がかかってしまうことがあります。

☀一人ひとり感覚は違う

たとえばA君は、靴下が嫌い、靴も履かない、上履きも嫌いで、学校内では裸足で過ごしています。外出するときは裸足＋草履というスタイルです。

Bちゃんは、靴下を履かないと靴が履けず、サンダルのときも靴下を履いています。しかも靴下は必ず裏返し。その理由は縫い目が足に当たるのが嫌なのだそうです。

一方で、C君は、靴は履きますが上履きを履かず、靴下は絶対に右と左、違うものを履いています。間違えているのではなく、本人のセンスによるおしゃれです。

3人のような状態を「わがままだ」と、大人は言いますが、**本当にわがままなのでしょうか。**

たとえば、多くの人は靴の中にイガイガしたものが入っていれば感覚的に気持ちが悪くて履けません。A君にとって上履きや靴を履くのは、それと同じような感じで本当にイヤなのでしょう。Bちゃん、C君にも同じような言い分があります。

それなのに学校では「上履きは履くものですから、履けない人はダメです」「裏返しの靴下はおかしい」「靴下は左右同じものを履くのが常識です」とルールを押しつけられる。これは、**3人にしてみれば大人の常識と違うというだけで不便をこうむっている状態です。**好きにしていいよ、と言ってくれれば困らないのに、といつも思います。

ちょっとした工夫で解決することも

衣類の問題はちょっとした工夫で解決することが多くあります。

あるでこぼこちゃんは、着替えることが苦手で、体操服に着替えなければならない体育の授業のある日は「学校に行きたくない」と言っていました。

保護者から相談された際に「体育のある日は、体操服を着て登校すればいいじゃない？」とアドバイスをしました。半信半疑でやってみたところ、すんなり学校に行けるようになったそうです。

このように、ちょっとした工夫をしたり価値観を変えたりすることで乗り越えられる困りごとはたくさんあります。**「こうあるべき」の枠をできるだけ外して、「これもあっていいな」と考えてみませんか。**

学校での困りごと③

授業中にじっとしていられない

「うちの子は授業中に立ち歩いてしまう」「どうしてもじっとしていられない」

これもでこぼこちゃんのママ・パパによくある悩みです。「授業参観に行ったら、うちの子だけひとりでフラフラ立ち歩いていて恥ずかしかった」という体験談もよく聞きます。

立ち歩くのは覚醒レベルを上げるため

ある小学校の先生によると、授業にしっかり集中しているときは、どんな子も立ち歩かず座っていられるのだそうです。

立ち歩いてしまうのは、先生がひとりずつ丸つけをしている時間や、課題が早く終わってしまったときなど、**やることがなくなった「待ち時間」に、手持ち無沙汰で覚醒レベルが下がってしまうからです。**

さらに、前を向いて動かずに背筋を伸ばして……という、大人が考える「良い姿勢」をずっと続けていると、でこぼこちゃんの覚醒レベルは下がってしまいます。そこで、フラフラ立ち歩いたり、騒いだりすることで、無意識に自分で刺激を与えて、脳の覚醒レベルを上げようとしているのです。

お子さんの「立ち歩きたい」という欲求も尊重しつつ、学校のルールを守ることも教えるにはどうしたらいいのでしょうか。

先生に働きかける

まずは、**先生に「でこぼこの特性で歩いてしまう」という認識を持ってもらうこと**です。先生の授業を無視したり妨害したりしようとしているのではなく、特性のために歩いてしまう、ということを先生とでこぼこちゃんの共通認識としましょう。

でこぼこちゃんが、**立ち歩きたいときは、「席を立ちます」と先生に告げたり、カードを用意して机の上に置く**などする、また先生にお願いして「10分間だけ」と決めて、受け入れてもらうという方法もあります（時間は徐々に短縮していきます）。

でこぼこちゃんが自分で先生とこのような交渉をすることは、ソーシャル・スキル・トレーニングにもなります。

学校での困りごと④　教科書をよく忘れる

小学校に入ると持ち物が増えます。机やロッカーなど自分自身で管理しなければならない場所も増えるため、自己管理の力が必要になります。

けれどもキョロキョロちゃんやうっかりちゃん、ゆっくりちゃんはモノの管理をすること、忘れ物をしないことがあまり得意ではないことが多いのです。

「何でそんなこと忘れるの」「どうして前の日に確認しなかったの!?」などと叱られ続けると、さすがに自己評価が下がってしまいます。

忘れ物を減らす工夫

忘れ物を減らすためには、次のような工夫をしてみましょう。

・前の晩に一緒に次の日の持ち物を準備する
・家の入り口近くにランドセルや体操服用のフックや棚を設置し、いつも同じ場所に置く

ようにする

・玄関のドアに「宿題」と書いた付箋を貼るなど、目につくリマインダーを設置する

・忘れがちなものには目立つキーチェーンやバッジを付ける

・子ども部屋のドアにチェックリストを掲示し、毎朝、必要なものをランドセルに入れたかを確認する

・玄関に姿見を置き、そこに映る自分の姿で水筒や体操服等、手に持っていないものを確認する

・1週間忘れ物をしなかったら〇〇など、小さなごほうびを設定する

これらを実践すれば、少しは忘れ物を減らせるのではないでしょうか。

なかには、教科書をもう一組購入して自宅用と学校用にしている、というママ・パパもいました。このように、忘れても困らないような仕組みを作れないか、考えてみましょう。

「うっかりはある」という前提で考える

どんなに対策を講じても、うっかりは発生します。

「うっかりはある」という前提で、やってしまった際の対策を考えたり、学んだりしてもらうほうが建設的です。

お子さんに「次もし忘れたらどうする？」と、問いかけてみましょう。

「先生に言う」「友だちに見せてもらう」「隣のクラスの子に借りる」など本人なりの対策を考えさせましょう。

ミスを起こさないことも大切ですが、ミスのない人生はありません。自分のミスを自分でフォローする力を育てることも大切です。

学校での困りごと⑤ 発表ができない（人前でお話ができない）

学校生活では子どもが人前に立つ機会が多くあります。学芸会などのイベントだけでなく、授業にプレゼンテーションやディベートを取り入れる学校は増えています。

実力はあるのに、みんなの前で発表できないわが子の姿に、心配してしまうママやパパもいるのではないでしょうか。

人前で話す練習を

誰でも人前で話すのは緊張するものです。緊張を和らげる深呼吸の練習をしたり、「大丈夫、できるよ」と、そっと声をかけたりしてあげましょう。

苦手意識が強いお子さんは、無理せず少しずつ練習をさせるのもいいでしょう。家族や仲の良いお友だちなど、少ない人数で練習やリハーサルをして、慣れさせるのもおすすめです。

発表するときはハンカチを手に持っていたり、ポケットに落ち着く何かを忍ばせて順番を待つ間触れていたり、**おまじない的な小道具**を準備したりするのも効果的です。

☀代替手段を考える

いくら練習を積んでも、人前で話すのは、特に神経がこまやかなビクビクちゃんにとっては大変なプレッシャーです。なかなか苦手意識が抜けず、苦しいのです。

人前で発表できないことはマイナスだと多くの人が考えていますが、今の時代、カバーする方法はたくさんあります。

たとえば、自宅で録音・録画してきて教室で再生する、紙に書いて先生やお友だちに代読してもらう、パソコンの読み上げ機能を使う、大きく書いて張り出すなど、先生に相談して、お子さんが発表できるような代替手段を考えてみましょう。

学校での困りごと⑥　給食を食べるのが遅い＆残してしまう

学校生活で大きな山になるのが給食です。なんでもパクパク食べる子なら心配不要ですが、給食を食べるのが極端に遅かったり、偏食があって残したりしてしまう、というでこぼこちゃんも少なくありません。

苦手な食べ物が多いとき、時間がかかるとき、残してしまうときはどうしたらいいでしょうか。

給食が苦手になるさまざまな理由

大切なのは、給食が苦手な理由を理解し、でこぼこちゃん本人が安心して給食の時間を過ごせるように、家庭と学校が協力してサポートすることです。

感覚過敏または鈍麻《どんま》

口の中の触感、音やにおいなどに対して過敏なために、苦手な食べ物が多いでこぼこちゃんがいます。

たとえば、揚げ物の衣が口に触れると痛い、咀嚼音《そしゃくおん》が不快、しょうゆなど特定のにおいが苦手、色のついた食べ物が強烈に見える、食材の味が混ざると混乱するなどです。

逆に食感や味を感じる力が弱く、給食をおいしく感じられない感覚鈍麻のために、食べたくない、残してしまう、という場合もあります。

未発達や不器用

口の中や舌の動きの発達が遅いため、噛む力が弱かったり、もぐもぐゴックンとうまく連係して動かせずに、給食を食べるのが遅くなったり、食べられるものの幅が広がらなかったりすることがあります。

また、手や指、口が不器用で、箸やスプーン、フォークなどで食べ物を口まで運ぶのが難しいため、給食は苦手。家では手で簡単に食べられるものばかり食べている、というでこぼこちゃんもいます。

強いこだわり

「これは苦手だから食べない」と新しいものを避けたがったり、「毎日これを食べる」と特定のメーカーの特定の商品しか食べたがらなかったり、食に対して強い「こだわり」があるために、給食が苦手なでこぼこちゃんも少なくありません。

また、給食では初めての食材や料理が出てくることもあります。

「知らないものは恐い」という気持ちが大きくて、残してしまうことがあります。これを「わがまま」と言う人もいますが、不安や恐怖を感じることは、わがままではありません。

人前で食べるのが嫌

みんなと一緒に食事をするのが辛かったり、緊張したりしてしまうため、給食が食べられない、というケースもあります。

ほかにも食事そのものへの興味が薄かったり、食事をしている最中にほかのことが気になって集中できなくて遅くなったりすることもあります。でこぼこちゃんが給食が苦手なのにはただ「好き嫌いが多い」や「食事が自立していない」というだけではなく、さまざまな理由があるのです。

学校と連携して対策を

給食が食べられないことを「わがまま」と責められたために、給食だけでなく、学校そのものが嫌になってしまったというケースもあります。

でこぼこちゃんに対して「早く食べなさい」「残さずに食べなさい」などと責めても解決するどころか逆効果です。

連絡帳などを通して、担任の先生に食に関する特性や偏食について伝えましょう。保護者から「こういう特徴があるので、無理強いしないでほしい」と相談することが、学校でサポートしてもらう第一歩です。
給食のスプーンや箸が使いにくくて食べるのが遅くなってしまう場合は、慣れたカトラリーを使わせてもらえないか、お願いしてみましょう。

まずは、家庭でも、教室でも給食の時間内に食べ終えるように、集中して食べることができる環境かどうかを見てみるのもひとつです。家庭ならばテレビを消す、教室ならば給食を食べる席を皆の様子が見えにくいような位置にするなどの工夫をお願いしてみてもいいかもしれません。

「何が入っているのかわからない」という不安を感じてしまうお子さんには、一緒に献立表を確認して、食材や調理方法の説明をしてあげることで、不安を少し払拭することができます。

献立にはカレーやひじきなど種々の食材が混じっているものも多くあります。好き嫌いの多いお子さんの中には、ひとつひとつの食材は食べたことがあっても「混じるといや、混じるとどんな味がするかわからない」というお子さんも多くいます。そんなときは献立の食材を分けて少しずつ食べるように、先生などから声をかけてもらうと食べることができます。その経験が積み重なると、苦手な献立制覇！　につながることもあります。

食の問題は、すぐには解決しません。少しずつ前向きな変化をうながしていきましょう。

学校での困りごと⑦ 学校からの呼び出しが多い

「毎日宿題を忘れ続けています」「○○ちゃんに抱きついてしまいました」「授業中立ち歩きをしています」……など、でこぼこちゃんを育てていると、学校から呼び出されてしまう機会が増えるかもしれません。

呼び出しがあると「叱られる？」「何かマズいことがあった？」と条件反射的に身構えてしまうママやパパは多いですが、悪いことばかりではありません。

子どもの環境を良くするキッカケにする

私は立場上、保護者と学校との話し合いの場に、第三者として同席する機会があります。

呼び出されたママやパパを見ていると「先生は、うちの子のことをわかろうとしていない」「学校での困った行動を羅列されても、どうしていいのかわからない」など、多くが担任の先生とのやりとりで心を閉ざしてしまっています（逆に、先生側の心が閉じてしまっていることもあります）。そんな状態は、とてももったいないと思います。

たとえば、でこぼこちゃんが「1ヶ月も宿題をやってきていません」と指摘されたとき、そもそも宿題があることを忘れている可能性が考えられますよね。

だとすると当然、宿題の存在も、親に伝わっていません。

「そんな宿題があったなんて知らないよ」「もっと早く言ってよ」「先生の伝えかたが悪いんじゃないの？」と思ってしまうかもしれませんが、**「今日、呼び出されたことで、宿題について話し合う機会を得た」**と考えてみてはどうでしょう。

お互いに知らないお子さんの姿があるのです。

親は家での様子しか知らないし、教師は学校での様子しか知りません。

お互いが、お子さんの情報を交換し、お子さんのことを話し合えば、もっと良い支援ができるはずです。

学校からの呼び出しは、**「わが子の学校環境を良くするきっかけ」**と捉えれば、対策を建設的に話し合おうという気持ちになれるのではないでしょうか。

お子さんは日中の大半を園や学校で過ごします。先生との関係はとても重要です。

担任の先生には保護者が歩み寄る

先生にもいろいろな方がいます。なかには発達障害への理解が足りない先生や、適切な配慮を怠る先生、すべて家庭環境のせいにする先生も、残念ながらいます。

そんな先生に対して、腹が立ったりイライラしたりしてしまうのもわかります。

でも、先生のほうも、どうやってお子さんに寄り添ったらいいのか、悩んでいるのかもしれません。

保護者ができるのは、先生に歩み寄り、フォローしてあげることではないでしょうか。

お子さんが大事だから、先生も大事にする、という考えかたもできますね。

歩み寄りの第一歩として、先生に感謝を伝えましょう。

先生もひとりの人間です。「いつもありがとうございます」というひとことだけで気持ちが和らぐこともあります。

ほとんどの先生は、保護者が想像しているよりもずっと、お子さんを思い、サポートしてくれています。

お子さんと先生が信頼関係を築けるように、両者の橋渡し役を心がけましょう。

学校に要望を伝える際は、遠慮せず具体的に伝えましょう。必要なサポートを明確にすることで、先生もどのように対応すれば良いかがわかりやすくなります。先生もまた、できることとできないことを明らかにし、代替案を提示してくれる可能性があります。

学校からの呼び出しは正直かなりのショックです。でも、親が呼び出されるほどのお子さんは、エネルギーが高く、将来有望な子でもあるのです。先生と良好な関係を築いて、いいところを伸ばす方法を考えていきましょう。

学校での困りごと⑧　授業についていけていない

でこぼこちゃんの中には、学校の授業についていくのが難しいというお子さんもいます。単なるつまずきではなく、読み書きなど特定分野が苦手な場合、限局性学習症いわゆる学習障害（ＬＤ）があるのかもしれません。

天気が良いので
近所の公園に
出かけます

ご飯

学校

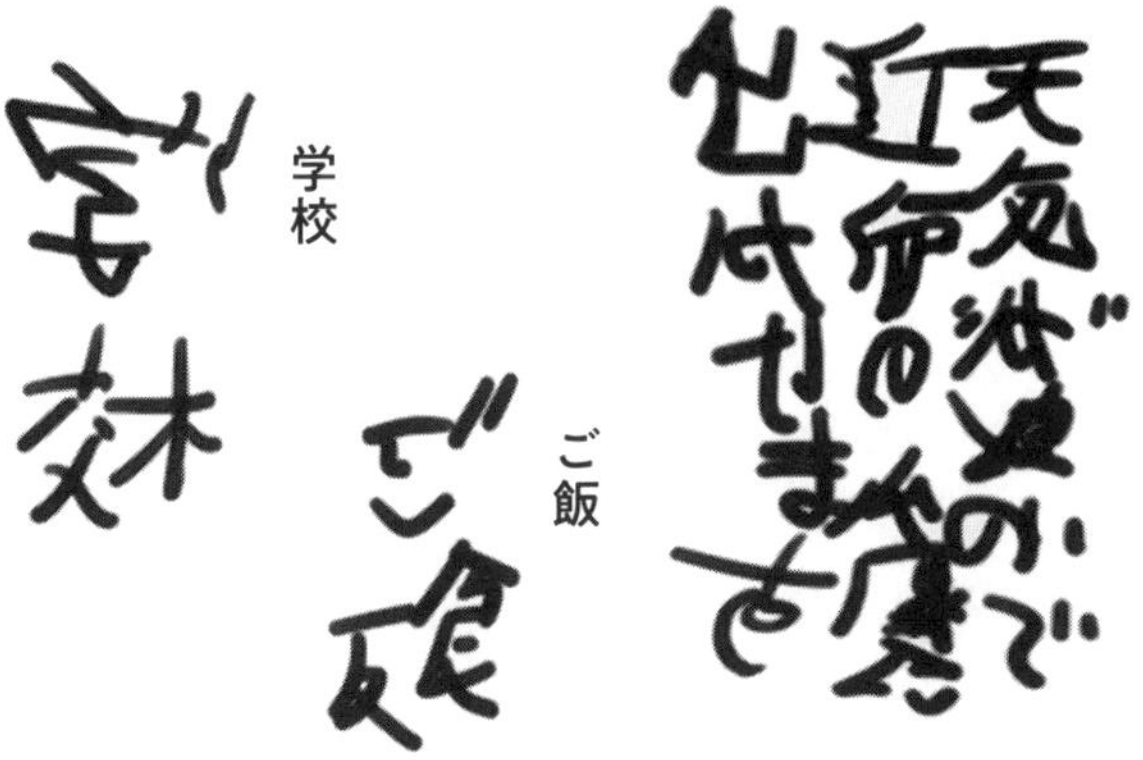

☀学習障害（LD）

　でこぼこがあってもなくても起こりうる、発達障害の一種です。でこぼこと重複している子も、でこぼこがなく学習障害（LD）だけの子もいます。

　学習障害のあるお子さんは、次のうち、1つか2つがとても苦手です。

・書字（文字が書けない）
・読字（文字が読めない）
・識字（読めるけれど似た字の見分けがつかない）
・計算（計算ができない）

　学習障害のあるお子さんには、黒板や教科

書の文字が139ページの写真のように見えています。
また、きれいに書こうと思っても、こんな風に書いてしまうこともよくあります。

本人の努力不足や、教えかたが悪いわけではありません。どんなに猛特訓しても苦手は苦手、そういった脳の特性なのです。

学校の授業でとても苦労をしてしまうだけでなく、本人が「自分は努力ができない」「バカなんだ」と思い込んで、自己評価を下げてしまうこともあるので注意が必要です。

合理的配慮とは

学習障害に保護者や教師が気づけば、学校でも適切な合理的配慮がしやすくなります。
合理的配慮とは、**障害があるお子さんが教育を受けるときにぶつかるさまざまな不便を解消するための変更や調整のこと**をいいます。

たとえば、次のような配慮が合理的配慮です。
教科書が読みにくい子に対して、読みやすいよう定規をあてる、読み上げサービスを使う、ルビをふる、拡大コピーをする。

計算が苦手な子に電卓を使うことをＯＫとする、漢字が苦手な子にパソコンを使うことを許すなど、テクノロジーを活用する。

聴覚過敏でいろいろな音が気になってしまう子のために、耳栓やイヤーマフの装着を認める、運動会でのかけっこのピストルは笛に変えてもらう。

視覚情報を処理するのが難しい子に配慮して、黒板の周りの掲示物を減らして、見やすくする。

合理的配慮は、よくメガネにたとえられます。視力が低いお子さんが黒板を見るためにメガネを使うのは当然ですよね。誰も「メガネなしでがんばれ」とか「メガネを使うのは不公平だ」とは言いません。このメガネがまさにそのお子さんにとっての「合理的配慮」です。

メガネさえかければ勉強をするのにまったく問題がないお子さんがいるように、合理的配慮があれば勉強をするうえでの不都合から解放されるお子さんもいます。

お子さんの苦手な部分に焦点を当てるのではなく、どうすれば解決できるか、を考えていきましょう。

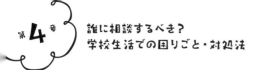

☀学校に申し出る前に専門家に相談を

公立学校での合理的配慮は、2016年4月に施行された障害者差別解消法によって、法的に義務づけられています（私立学校では2024年に改正）。

でも、学校に合理的配慮をお願いしたいとき、親が「うちの子はこうなので、こういう配慮をお願いします」と申し出ても、「特別扱いはできません」と、受け入れてもらえないことも多くあります。

学校に相談する前に、まずは専門家に相談することをおすすめします。たとえば聴覚過敏の場合には「感覚プロファイル」という感覚の評価を専門家にしてもらいます。

評価をしたうえで、どのような手立てがあるのか、専門家に提案してもらうことで、合理的配慮の必要性と、その内容を客観的に示すことができます。

客観的な検査結果や、医師の意見書を用意して、必要だという根拠を示さないと、単なるわがままや「保護者の思い込み」と取られてしまい、合理的配慮は学校で採用されないことが多いのです。

逆に学校では合理的配慮の必要性に気づいているにもかかわらず、ママやパパが「うちの子は勉強ができない」と思い込んでいる場合もあります。

※合理的配慮には、専門家の評価と手立ての提案が必要です

学校での困りごと⑨　いじめられる、いじめてしまう

「うちの子、学校でいじめにあっているようで……」

でこぼこちゃんのママやパパの多くがいじめ問題で悩んでいます。

いじめと発達のでこぼこは、やはり無関係ではありません。

ターゲットになりやすいでこぼこちゃん

いじめが増えるのは小学校2年生頃。

この頃から、いわゆる定型発達の子たちは、自分と自分以外の人の違いを意識するようになります。

個性いっぱいのでこぼこちゃんたちは目立ち、「異質なもの」と思われてしまうのです。

異質でも「みんなちがって、みんないい」となればいいのですが、残念ながら日本の学校や大人、社会のありかたはそうではありませんよね。大人の社会でもいじめがあるのですから、子どもの中にいじめが広がるのも、ある意味、当然と言えるかもしれません。

エネルギーが高いキョロキョロちゃんとせっかちちゃんは、クラス内のパワーバランスによって、いじめる側にもいじめられる側にもなりやすいという傾向があります。こだわりちゃん、ゆっくりちゃん、ビクビクちゃんは、いじめられる側になりやすい。いじめる側に回る例はあまり多くありません。

うっかりちゃんも「なんでそんなに忘れ物が多いの」と責められ、いじめられることがあります。

☀子どもの話を聞き、学校と連携する

お子さんがいじめられている際はまず、お子さんの話を聞くことが大切です。お子さんが安心して本音を話せることが、問題解決の第一歩になります。お子さんが話しやすい環境を整え、じっくりと耳を傾けてください。

でこぼこちゃんは言葉をその言葉通り受け取りますから、ママ・パパは味方であること

をはっきりと伝えましょう。

本書の執筆に際し、株式会社マモルの代表で「いじめ対策の専門家」でもある、くまゆうこさんにいじめの対応策をうかがいました。

くまさんによると、お子さんが「いじめられている」と訴えたときには、必要以上に驚いたり悲しんだりしないことが大事なのだそうです。

親子の関係性がいい場合こそ、お子さんは親に心配をかけたくないという思いが強いので、保護者があわてたり騒いだりすると、「もう何も言わないでおこう」と自分の中に閉じこもってしまうことがあります。

心配になる気持ちはわかりますが、「大人もそういうことがある」「そういうことをされると本当にイヤだよね」というくらいのリアクションにとどめ、まずは落ち着いて子どもの訴えに耳を傾けてほしいと思います。

同情と共感は違います。「かわいそう」と思われた瞬間に敏感なお子さんによっては、より気持ちが落ち込んでしまう場合があります。

お子さんがお友だちとトラブルになったり、嫌な思いをしたりしたとき、保護者としては腹が立ち、悲しくなるのは当然です。

内容によっては、学校の先生に、「こんなことがあって気になっているので、お伝えしておきました」と状況をお伝えし、見守りをしてもらうのもいいでしょう。信頼のできる先生であれば早めに伝えておくことで、よりアンテナをたててくれて状況がよくなる場合があります。

子ども同士のいじめの場合、早期であればちょっとした出来事で子ども同士の関係性が良くなったり、解決したりすることが意外と多いです。

ただ、暴力を振るわれたり、物を壊されたり隠されたりして目に見える被害が出ている場合は、一刻も早く学校へ状況を伝えるべきです。

というのも、時間がたって「2週間前に○○君（さん）からこんなことをされた」と言っても、**やったほう（加害者側）は忘れていたり記憶が曖昧になっていたりすることが多いからです**。昨日のことと2週間前のことを比較したら、どちらが記憶が鮮明かは言うまでもありません。

どの程度の被害で学校に伝えるかは、お子さんの性格とお友だちと学校の関係性によりますが、何かあったときに「こんなこと言うと学校も迷惑かな」などと思わずに、きちんと伝えることは保護者としてとても大事なことです。

いじめかどうか疑わしい場合は、いじめの証拠集めや記録を先にしておきます。お子さんやその友人から、具体的にどのような嫌がらせがあったか聞き取ったり、壊されたり隠されたりした物の状態を記録したり、ケガがあれば写真や診断書を保持します。

学校へ相談する際は、お子さんの状況を具体的に伝えます。「言った・言わない」のトラブルを避け、誤解のないようにするため、次の点に注意してください。

・学校とのやりとりはすべて記録しておく
・個々の教師ではなく、「いじめ防止委員会」のような組織を通じて対応を求める
・学校の担当者と会う際は、双方ともに複数の人数で対応する

話し合いで状況がすぐに良くなればいいのですが、一度の相談では解決に結びつかないことが多いでしょう。学校がどのように対応しているか定期的に確認することが必要です。

学校だけで対応できない場合は、外部の相談窓口に助言を求めたり、あまりにひどい場合は、**法的手段を視野に入れてもいいかもしれません。**

学校での困りごと⑩　でこぼこちゃんの不登校

でこぼこちゃんには不登校になってしまう子も少なくありません。

不登校が多いのはビクビクちゃん

6人のでこぼこちゃんの中で、不登校になるケースが特に多いのが、ビクビクちゃんです。いろいろなことを感じて、察して、考えすぎてしまうので、小学校1年生から不登校になってしまうこともあります。

不安を和らげ、少しずつ安心できるようにしてあげることが大切です。

ビクビクちゃんの不登校対策

・大勢の中に入っていくのがストレスになるので、朝一番に教室に入っておく

・最初は支援学級の少人数から慣れていくなど、少しずつ環境に適応させる
・休み時間に無理にお友だちと関わらなくて良いように読む本を持っていく

バイオフィードバックで通学できた例

ビクビクちゃんのAちゃんは「学校に行こうとするとドキドキする。動悸がしてしんどい」と言っていました。

ドキドキしている、心臓が止まりそうと思っている子に「大丈夫」と声をかけても、本人としてはあまり納得できません。

スタッフは「一緒に学校に行きながら測ってみようか？」と声をかけ、通学路でAちゃんが「ドキドキする」と言うたびに、

脈拍や血圧、体温を測り、その数値を伝えました。これを**バイオフィードバック**といいます。

バイオフィードバックしながら少しずつ学校に近づいていくことで、Aちゃんは「データでは異常ないってことは、大丈夫かも」と、少しずつ学校が恐いという気持ちを克服していきました。

こだわりちゃんの不登校

自分のペースを崩されたくない、興味あることだけにまい進していきたいこだわりちゃんは、学校にいる時間をムダだと感じがちです。

こだわりちゃんの不登校対策

・クラスやグループを同じ趣味を持つ子とくっつけてもらう
・先生にお願いをして、趣味の話に付き合ってもらう

こだわりちゃんは自分の興味のある分野のことをとにかく語りたいので、関心を持って聞いてくれる人がいれば「学校も悪くない」と思えてきます。

その他のでこぼこちゃんの不登校

ゆっくりちゃんは、お友だちとの関係がうまくいかず、学校に行きにくくなってしまうことがあります。**間に大人が入って、わかりやすく状況を説明してあげることが必要**です。

うっかりちゃんは、忘れ物が多すぎて自己評価を下げてしまうと、学校に行きにくくなります。

忘れないためにどうするかを考えるのと同時に、もし忘れてしまったらどうしたらいいのか、先生とあらかじめ策を決めておくと、安心できます。

せっかちちゃんとキョロキョロちゃんは、自己主張が強いため、学校でお友だちとぶつかって「もう学校なんか行きたくない」となることもあります。

子どもにも有給休暇を

毎日学校に楽しく行くことが一番大事、ではありません。

会社に勤める労働者が有給休暇を取れるように、学校に通う子どもにも、計画的に休むという選択肢があってもいいのではないでしょうか。

しんどいと感じるなら、お子さんの状態に合わせて、ひと月に10日でもいいし、5日でもいいので学校を休む日を決める、という考えかたです。事前に、休む日を「この日と、この日と……」と決めておくのがおすすめです（逆に学校に行く日を決めるのでも良いでしょう。週に1回行くだけでもOKです）。

毎日行かないといけない、と思っていると追い詰められてしまいます。うまくバランスを考えることが大切です。

ただ、勉強は大切です。学校に行けなくても、家族が教える、ドリルを解いておく、オンライン授業を受ける、家庭教師に来てもらうなどして、勉強の遅れはできるだけないように手当てをしましょう。

勉強で遅れてしまいがちなゆっくりちゃんはもちろん、未知のものが恐いビクビクちゃんも、しっかり予習をしてから学校へ行くのがおすすめです。授業の内容があらかじめわかっていると安心できるのです。

そしてもうひとつ大切なのが**学校との縁を切らない**こと。不登校になっても、いつでも学校に戻れるような体制を整えてあげてください。

対人関係の練習は学校以外でもできる

「不登校だと対人コミュニケーションの練習ができないんじゃないか」と気にするママやパパもいます。

一般的には子ども同士の人間関係は簡単だと思われがちですが、実は同世代とうまくやっていくことが一番難しいのです。お互いが対等だと張り合ったり、譲り合えなかったりするからです。

学校に行けないでこぼこちゃんが対人コミュニケーションの練習をしたい場合、同世代との交流よりも、年齢差が大きな相手、つまり大人に合わせてもらうことからはじめましょう。たとえば放課後等デイサービスや訪問型サービスを活用して、スタッフのお兄さんやお姉さんと交流することをおすすめします。

本当にでこぼこちゃんなのか、見極める

でこぼこちゃんのママやパパが「ぼこ」と思うもののなかには、大人の都合で作られた

「ぼこ」もあるかもしれません。

ある日、私のもとに男の子がやってきました。

「先生、俺、気づいたよ。みんな1文字ずつ覚えて書いてるんじゃないんだね！」

彼は黒板の文字を写すのが苦手です。たとえば、黒板に「あかいきれいな花が」と書いてあるのをノートに写すとき、多くの人は「あかいきれいな花が」と、ある程度の長さを覚えて書くでしょう。でも彼はそれができません。

「俺は、あ、を覚えて書いて、か、を覚えて書いて、い、を覚えて書いて……って1文字ずつしか覚えられない。それで書くのが遅かったんだ！」

「すごい！　よく気づいたね。じゃあタブレットで撮影して手元で見ながらだったら、もう少し早く書けるんじゃない？」

「あ」と「か」と、覚えられる文字が1個ずつなのは「ぼこ」ですが、122ページの例のように上履きが履けない、靴下を裏返すなどは「ぼこ」とはちょっと違うと思いませんか？

本人が困っていたり「こうしたいのにできない」「やりたいけどうまくいかない」と思っていること、たとえば「計算ができない」「みんなと同じように読めないんだ」というのが本当の「ぼこ」。

だけど、上履きや靴下については学校や世間の価値観です。ルールやものの見かたを変えればいいだけで、誰も困りません。

大人の思う「ぼこ」と、お子さんが感じている「ぼこ」は違うかもしれない、ということです。

☀客観的データではどうなのか

作られた「ぼこ」と、本当の「ぼこ」の違いは客観的なデータ、つまり検査結果に出ます。

ネットでよくある「ＡＤＨＤ度チェック」とか「ＨＳＰ診断」などのテストの中には内容の信頼性が低いものも多々あります。

知能検査等の心理検査を受けて、「でこ」と「ぼこ」を把握しておきましょう。

なかには自分の苦手や課題に気づいていない子もいます。たとえば、生まれつき目が悪ければ、よく見えなくても本人は困りません。でも、何かのときに、視力が弱いせいで失敗してしまって、「あれ？　ほかの子となんか違う？」となってしまいます。

そういう意味でも検査による客観的データは大切です。

「都合のいい子」を求めていないか

ハキハキ発表できるのがいい子

授業中、姿勢良くじっと座っていられるのがいい子

お友だちと仲良くできるのがいい子

忘れ物をしないのがいい子

好奇心旺盛で視野が広いのがいい子

明るく元気で素直なのがいい子

何でもテキパキできるのがいい子……など

大人が考えるいい子にはいろいろありますが、その価値観だけが絶対ではありません。

親にとってのいい子、つまり「都合のいい子」になることを強いてしまっていないか、時には立ち止まって考えてみることも大切ではないでしょうか。

第5章

何が効果的？ おうちでできる「療育」

ママ・パパは「できない理由」を想像しよう

どんな人でも得意なことと不得意なことがあります。でこぼこちゃんは特にその差が大きいため、いわゆる「普通」はハードルが高いと思わないようなことがむずかしいという場面がよくあります。

そんなとき「できないからダメだ」とジャッジしたり、ほかの子と比べて落ち込んだりしても、いいことはありません。

それより「なぜ、今できていないのか」の理由を考えてみてください。

「できない理由」には環境、状態など、さまざま要素があります。

たとえば「お絵描きができない」のでも、できない理由はさまざまです。

紙が白くてまぶしく見える、今は気分じゃない、クレヨンのにおいが嫌い、見られているのがイヤ、描きたいものが決まらない、何をどう描いたらいいのかわからない……。

できない理由を見つけて対処すれば、「できない」は「できる」に変わるかもしれません。

もちろん、できない理由のすべてが解決できるわけではありませんが、解決できなくても、理由があるのだとわかれば「がんばっていたんだね」とほめたり、「やらなくてもいいか」と思えたりします。本人もママ・パパもストレスが減ります。

言葉にして聞いてみる

でこぼこちゃんは、感覚が敏感すぎたり、鈍感すぎたりすることがよくあります。でも、本人は生まれつきの自分の身体の、自分の感じかたしか知りません。人と比べて感覚が敏感すぎても鈍感すぎても「変だ」とは思いません。

どう感じているかを言葉で確認しましょう。

「お母さんにはこう聞こえるんだけど、○○ちゃんにはグワーンって響いてる？」

「お父さんにはこう見えてるんだけど、○○ちゃんにはまぶしく見えてる？」

というように、「自分はこうだけど、あなたはどうなのか？」という形で質問すると答えやすくなります。

うまく言葉にできなくても、お子さんの反応は対策を考えるヒントにはなります。

「だったらちょっと耳栓してみる？」「緑色の下敷き使ってみる？」など、いろいろな方法を探って、試してみましょう。やってみることで、ママやパパの気持ちも前向きになります。

☀「できたの積み木」を高く積み上げよう

でこぼこちゃんに必要なのは「成功体験」＝「自己効力感」の積み重ねでつくられる「自己肯定感」です。よく「自己肯定感を上げましょう」と言われますが、いわゆる「あるがままの自分を認め、自身の価値を感じる状態」は、即席にできるものではないのです。

おうちでは「やったら、できた」「思ったより簡単だった」と「できた」を日々、積み木のように重ねていきましょう。

「できたの積み木」が高く積み上がると、自己肯定感になるのです。

おうちでの困りごと6選

おうちでの困りごと① 大切なものを触ってしまう

いくら「触らないで」と叱っても、子どもが仕事に使うノートパソコンをいじってしまって困る、というママがいました。

大切なものをいたずらされては困りますね。

環境調整で、困りごとを減らす

でこぼこちゃんが大切なものを触ってしまって困る、というママに、私は「パソコンをお子さんの目に触れないように布などで隠すか、手の届かないところに置いてください」と言いました。

この場合の目的は**「興味を持っても、触ってはいけないものには触らないようがまんを**

覚える」ではなく、「仕事で使うパソコンをいたずらされないよう守る」ことです。

目についたものに興味をひかれがちな視覚優位のお子さんは見えなければ興味を持たないし、触ったりもしません。触れなければ「触らないで」と何度も言う必要がありません。

このように、困りごとがそもそも起きないように、環境を変えることを**「環境調整」**といいます。

お子さんの「困った行動」の中には、環境を変化させれば、そもそも発生しなくなることが多くあります。

環境調整は問題を解決するのではなく、問題を発生させないという考えかたです。でこぼこちゃん本人を変えることはなかなかできませんが、環境は案外簡単に変えられることもあるでしょう。

環境調整の例

子どものうちはママやパパが環境調整を行うことが重要です。

たとえば、次のような環境調整は、すでに行っているかたも多いのではないでしょうか？

・好きな本など、もともと興味があるため気が散るものは布で隠す
・朝の支度の流れがわかりやすいよう、やることを書いて張り出す
・約束の時間になったらゲームを終了するようタイマーをかける
・光に敏感すぎる子のため、遮光カーテンをつけたり、まぶしすぎない照明に変えたりする
・ランドセルを自分で片付けられるよう、収納場所に写真を貼る
など

お子さんの成長や周囲の変化にしたがって、環境調整の内容は変化させます。

ただ、**親がずっと環境調整を続けるわけにはいきません**。将来的には、お子さんが自分から人に助けを求めたり、自分の力で環境を整えたりできるようになることを目標にします。

おうちでの困りごと②

買い物中、欲しがるものを買わないと泣きわめく

お子さんを買い物につれて行くたびに泣きわめいて困る、という悩みもよく聞きます。毎回は買えませんが、買わないと大騒ぎになって途方に暮れてしまいます。買い物は毎日の生活で欠かせないだけに、これでは困ってしまいますね。

☀買う、買わない、は予告を

買ってあげるつもりがないなら、買い物にいく前に、お子さんに**「今日はおもちゃもお菓子も買わないよ」**と伝えておきましょう。

それでも欲しいものが見つかることはよくありますよね。

「そのお菓子はおいしそうだからママも食べたいな。でも今日は買わないと決めたから、土曜日に買おうか?」などと、買いたい気持ちに共感しつつ、買わないと決めた日には買わず、買ってあげると約束した日には買ってあげましょう。

……ここまでが一般的なアドバイスです。でこぼこちゃんの場合はこれが一筋縄ではいかないことも多いですよね。

がまんはほかでも教えられる

約束したのに、床に寝そべって泣きわめかれたので買ってしまった、という方は少なくないでしょう。

「すぐに買い与えるとがまんする練習ができないのでは？」と相談されることもあります。

でも、がまんしなければならない場面は、買い物以外にもたくさんあります。

園で友だちにおもちゃを譲る、学校で静かに座っている、興味のないことにつき合わされる……でこぼこちゃんの生活はがまんの連続です。毎日、何十回とがまんをする機会があり、買い物はそのうちのたった1回にすぎません。

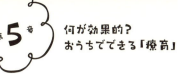

環境調整で解決する

環境調整で乗り切れないかも検討しましょう。

そもそも「買って買って」が起こりそうな場所には近づかないことです。お菓子やおもちゃの並べてある店には行かない、空腹時は避ける、ほかの家族やシッターさんにお子さんを頼んで買い物はひとりで出かける、などさまざまな工夫ができるでしょう。

最終的には「買い物は全部宅配にしよう！」と割り切ってもいいでしょう。そもそもお店に出かけずにすめば、外での泣きわめきを最小限にできるのですから。

おうちでの困りごと③　どんな習いごとが合うのかわからない

「習いごとで可能性を伸ばしたいけれど、うちの子にはどんな習いごとが向いているのかわからない」という相談を受けることもあります。

でこぼこちゃんは、そのお子さんの得意不得意である「でこぼこ」とフィットする習いごとに出会うと、誰もがビックリしてしまうような成長を見せてくれます。

逆に向いていない習いごとでは、どんなに努力してもうまくいかず、自信をなくしてしまうこともあります。

だからこそ、そのお子さんに合った習いごとをさせるのが大切です。

おすすめの習いごと

キョロキョロちゃん

正座で集中力が上がる、身体を使う活動が得意という2点を考えると、柔道、空手道、書道など「道」のつく和の習いごとがおすすめです。

こだわりちゃん

本人が興味を持つものなら何でもOKです。囲碁、将棋などにまい進するこだわりちゃんもいます。好きなことに特化するタイプなので、興味を持たない習いごとをやらせても、嫌がるだけであまり上達はしません。

ゆっくりちゃん

興味を持ったら何でもＯＫですが、ゆっくりちゃんのペースに合わせてくれる環境かどうか、先生選びが大切です。料理やものづくりなど生活体験を広げてくれる習いごともいいでしょう。ぜひ経験の幅を広げてあげてください。

せっかちちゃん

スピードを重視、成果がすぐに見えるものが好きなせっかちちゃんは、じっくり取り組む習いごとは苦手です。たとえば、そろばんやフラッシュ暗算などは熱中するかもしれません。身体を使う活動が得意なことが多いので、陸上競技などにも向いています。

ビクビクちゃん

外に出るのが苦手、自分を守れる空間が必要なビクビクちゃんは、オンラインでできる習いごとがぴったりです。学習塾やオンラインスクールを探してみましょう。将来を見据えてプログラミングなどＩＴ関係もおすすめです。

うっかりちゃん

本人がやりたいことなら何でもOKです。スポーツをするなら、スイミングや体操などの個人競技がおすすめです。自分が意図しないミスで自己評価を落としかねないので、ミスしても大丈夫な習いごとを選びましょう。

スポーツを選ぶときは

でこぼこちゃんの中には、スポーツが得意な子も少なくありません。

特にエネルギーが高くていつも走り回っているキョロキョロちゃん、スピード重視のせっかちちゃんなどは、走るのが速かったり、運動神経がよかったりすることが多いようです。

何かスポーツをやらせたいというとき、考えてほしいのが、**チームプレーが必要かどうかです**。周囲の動きを見て動く必要があったり、野球の打順のように自分の番を待つ時間があったりするスポーツは、でこぼこの形によっては、あまり向いていないこともあります。

ひとりで戦うテニス、陸上競技なども視野に入れて検討してはいかがでしょうか。

特別じゃないけど特別

でこぼこちゃんの「でこ」を目の当たりにすると、親としては期待がふくらむこともあります。

たとえば、わが子がASD（自閉スペクトラム症）と診断されたら、映画やドラマを連想して「もしかしたら特別な才能を秘めているかも」と一瞬でも考えない親はいないでしょう。

「うちの子は特別なんだ」という思いを抱いて、ひとつのことだけをがんばらせてみたり、その結果を見て勝手に失望してしまったり……という保護者は少なくありません。

子どもは誰もが「特別」です。**しかし、その「特別」は親の期待にそった特別ではなく、子ども自身の興味や関心、個性に合った特別でなければなりません。**

本人の「やりたい！」という気持ちを尊重しつつ、そのお子さんのでこぼこに合った習いごとをさせてあげましょう。

おうちでの困りごと④

食べ物の好き嫌いや偏食が激しい

誰にでも多少の食べ物の好みはありますが、でこぼこちゃんの場合は、何でもよく食べる子と、好き嫌いや偏食がとても激しい子の両極端に分かれます。

偏食はでこぼこちゃんの「あるある」

おかずにおつまみ用のサラミしか食べない子、コンビニの決まったパンだけしか食べない子、白いご飯、白いうどん、白いラーメンなど「白いものシリーズ」しか食べない子など、さまざまです。

本人が食べたいものや食べられるものだけを与えていると、栄養が偏って成長に影響してしまうんじゃないか、将来的に生活習慣病になっちゃうんじゃないかと、心配になってしまうママやパパも多いでしょう。

偏食があると「本人のわがままだ」「親が甘やかすからだ」と非難されることもあるでしょう。なかには「ちゃんとした食べ物を与えていないんじゃないか」と虐待を疑われてしまったママ・パパもいます。

もちろん、本人のわがままでも育てかたのせいでもありません。131ページの給食の話題でも解説したように、でこぼこちゃんに偏食が多いのには、いくつもの理由がありま す。

☀さまざまな偏食対策

私も、おかずや味噌汁に手をつけてくれない末っ子に「せめて野菜ジュースだけでも飲んで」と思っていた時期がありました。

成長した末っ子が、味噌汁を食べなかった理由を教えてくれました。

「だってさ、味噌汁ってさ、茶色い汁の中に、今日はキャベツと豆腐が入ってると思ったら、違う日はわかめとお豆腐だったりするじゃん。もうびっくり箱」

そこで、あらかじめ味噌汁の具を知らせるように意識したところ、少しずつ食べられるようになりました。

このように、**偏食対策の第一歩は、傾向を知ることです**。

どんな食べ物の何が苦手か、逆にどんな食べ物なら食べられるのか、それはなぜか。観察したり、本人と話したりして探り、いろいろな方法を試してみましょう。

・調理方法や食材を変えてみる
・少量から挑戦させ、食べたらほめる
・買い物や調理に参加させて興味を持たせる
・食育や栄養の本や動画で学習させる
……など、方法はいくつもあります。

一番の対策は「諦める」こと

いくつか対策をお伝えしましたが、でこぼこちゃんの偏食は一筋縄ではいきません。「全部やったけどダメだった」というケースもあります。

無理に矯正しようとすると親子でストレスがたまってしまいます。最終的には「偏食はダメ」という考えかたから、保護者が卒業するしかない……かもしれないと私は考えています。

だって、私たちの祖先のことを考えてみてください。きっと、栄養のバランスも食べる量も偏っていたことでしょう。それでもこうして私たちが存在しているということは、多少栄養が偏っても人体は大丈夫、ということの証拠ではないでしょうか。

食べてくれない、をあまり深刻に考えすぎずに、わが子にとって「食べること」がストレスにならないよう、楽しい食事時間を心がけましょう。

おうちでの困りごと⑤　ゲームに夢中になってほかのことをしない

少し前から、子どものゲーム依存が問題になっています。

短時間ならいいですが、ゲームに熱中しすぎていると心配になりますよね。

でこぼこちゃんはゲーム依存になりやすい

ゲーム依存とは、ゲームに過度に熱中し、それが日常生活や健康に害を及ぼす状態。ただゲームが好きでゲームに熱中しているだけ、ではありません。

ゲーム依存症は、アルコール依存症やギャンブル依存症のような精神疾患です。国際疾病分類では「ゲーム障害」といい、2018年にWHOによって「治療が必要な精神疾患」と認定されました。

でこぼこちゃんはそうでない子に比べて、ゲーム依存になりやすい傾向があります。

原因は、**神経物質であるドーパミンの不足**です。

ドーパミンは、達成感や楽しさを感じる際に「報酬系」が刺激されて生成されるのですが、でこぼこちゃんは、このドーパミンが不足しがちです。

ゲームは偶然性やバトル要素などドーパミンが出やすくなるような、脳内の「報酬系」を刺激する工夫であふれています。

でこぼこちゃんは無意識に、ゲームを通じてドーパミンを増やそうとします。

その結果、つい熱中してしまい、やめたいと思ってもなかなかやめられず、依存症に陥りやすくなるのです。

イメージと運動機能が結びつかない

でこぼこちゃんに「最近お友だちと遊んでる？」と聞くと、多くのお子さんが「遊んでるよ！」と答えます。

でも、よく聞いてみると「ゲームの中で友だちと会って遊んでる」というお子さんが少なくありません。

便利な世の中になりましたが、でこぼこちゃんが「わざわざ出かけなくても、もうＶＲでいいや」となることには弊害があります。

たとえばバトルゲームでボタンをピッと押して、相手がボンと倒れる、というのに慣れていると、自分は親指しか動かしていないのに、身体全体が動いたと脳が思い込んでしまいます。

けれども、実際に身体を動かしてみると、イメージ通り動かない……。**脳のイメージと実際の身体の運動機能がうまく連係できていないといった不具合が発生してしまうのです。**

ゲームに夢中になりすぎないために

ゲーム依存症にさせないためには、幼児期もしくは小学校低学年からの対応が大切です。

ゲームのルールを設定する

禁止するのではなく、時間や内容について、お子さんと一緒に話し合って決めます。

タイマーを設置する、時間で電源が落ちるようにする、スマートスピーカーで声をかけるなど、ルールを守るための工夫も取り入れましょう。

ルールを守れたら、ほめてやる気を引き出します。

保護者が関わる

ゲームはママやパパが見える場所でする、時には一緒に遊んでみるなど、お子さんがひとりでゲームをし続けないような環境を作ります。

物理的に離れる時間を作る

ゲーム機がない場所、電波が届かない環境にいる時間を作るよう意識します。

どこかへ出かけるのもいいですし、時間が来たら手の届かないところにスマホやゲーム機を隠す、といった工夫もできるでしょう。

ゲーム以外の楽しみを見つける

ゲーム以外に楽しいことがあれば必然的にゲームの時間は減ります。

親子で会話する時間を増やす、スポーツや音楽や読書などをお子さんと一緒にやってみる、または野外に連れ出し、身体を使って遊ぶのもおすすめです。

リアルにさまざまな経験をすることが、でこぼこちゃんの成長には欠かせません。

外遊びの効果

ゲームから物理的に離れ、ゲーム以外の楽しみを見つけるために有効なのが外遊びです。

外遊びには、181ページで解説する感覚統合のほかにも、多くのメリットがあります。

覚醒レベルを上げる

でこぼこちゃんの多くが、脳の覚醒レベルが低いのですが、しっかり外遊びをすることによって、身体中にさまざまな刺激が入り、覚醒レベルが上がります。

社会性が育つ

外遊びは、ひとりで遊ぶよりダイナミックでゲーム性のある集団遊びが多い傾向にあります。

でこぼこちゃんは感情のコントロールや人との関わり方などをつかさどる「眼窩前頭皮質」の働きが弱いのですが、外での集団遊びによって少しがまんすることで強化されることがわかっています。

おうちでの困りごと⑥　宿題ができない

でこぼこちゃんのママやパパにとっては、宿題も困りごとのひとつですね。

小学校低学年では、宿題をやらせるのは家庭の役割とされているため、パパやママにもプレッシャーがかかります。

宿題は取り組んだことをほめる

宿題はクラス全員に同じものが出されていますが、どのくらいの量、難易度の宿題が適切なのかは、ひとりひとり違います。10分もかからずにパパッと終わってしまう子もいれば、4時間ぐらいかけてもできないでこぼこちゃんもいます。

「宿題くらいちゃんとやらせないと！」と3時間も4時間も座らせて最後まで宿題をやらせるママ・パパがいますが、効果はないどころかマイナスです。

子どもが勉強に集中できる時間は、1年生で最大30分くらいです。2年生になると少し増えて40分。中学年ぐらいでも1時間いくかいかないか、それ以上はまったく集中力が働きません。

それ以上の時間を「やらなきゃいけない」とプレッシャーをかけて机に向かわせても、お子さんにとっては苦痛なだけで、勉強に対する意欲は失われてしまいます。

宿題がやり切れるまで、ではなく、たとえば30分とか1時間「この時間だけがんばる」としたほうが、ダラダラ時間をかけて勉強するよりも確実に身につきます。時間内に全部の宿題ができなかったら、「先生、昨日はがんばりましたが、できませんでした」と報告すればいいのです。

もし10問中5問しかできていなくても、ママ・パパは「宿題の正答率が50％」という結果ではなく、「一定時間宿題に向き合った」という姿勢を評価してあげてほしいと思います。

「30分がんばったね」などとほめるためにも、時間で区切るのはおすすめです。

「できた！」を増やす「感覚統合」

感覚統合とは感覚を整理すること

私たちには、視覚、聴覚、嗅覚、触覚、味覚といったいわゆる「五感」にプラスして、手足の状態や筋肉の動きを感じる感覚（固有受容覚）と身体の動きや傾きを感じる感覚（前庭覚）の合計7つの重要な感覚があります。

私たちは無意識のうちに、瞬時に、しかも適切に、さまざまな感覚を整理、分類しています。これを**感覚統合**といいます。

感覚統合がうまくいっている状態では、その時々にふさわしい行動ができます。

たとえば学校で静かに授業を受けているとき、黒板を見る（視覚）、先生の声を聴く

（聴覚）、椅子に座っている（前庭覚と固有覚）といった、複数の感覚が同時に適切に整理されている状態です。

にぎやかな場所で会話をしていても、相手の話だけに集中できるのはこの感覚統合の働きによるものです。

逆に、感覚統合がうまくいっていない状態では、落ち着きがない、集中力がないように見えます。

でこぼこちゃんは感覚統合が苦手です。

授業中の教室でも、感覚統合がうまくいかず、扇風機の音（聴覚）や、先生の服の模様（視覚）、自分の着ている服のタグ（触覚）、離れた調理室から漂う給食の匂い（嗅覚）など、さまざまなものごとに注意が分散して、授業どころではなくなってしまうのです。

「やりたい遊び」が感覚統合を育てる

でこぼこちゃんの感覚統合を育てるには、難しい訓練や厳しい練習はいりません。必要なのは、本人が「これやりたい」「楽しい!」と思いながら何度でも、自発的・能動的に取り組める「遊び」です。

外遊びをたっぷりさせる

遊びの中でも外遊びは、さまざまな感覚を刺激し、感覚統合の力を鍛えます。砂場、ブランコ、すべり台など、身体を使って遊ぶことで、重力や動きに適応する感覚が刺激されます。

でこぼこちゃんの成長には、外遊びをたっぷりさせてあげることが有効です。

療育例:「大きな積み木」で痛みを知る

療育ではさまざまな方法で、感覚統合の力が伸びるように働きかけています。

奏音で、沖縄にキャンプに出かけたり、川遊びをしたり、といったアウトドアで遊ぶイベントを行うのもその一環です。

室内ではトランポリン、すべり台、傾斜マット、などを活用して、転がる、よじ登る、しがみつく、振動させるなど、**さまざまな刺激を体感し、感覚統合の力を育てています。**

たとえば、「どれみ」にある巨大なクッションのブロック。子どもが乗って遊べるほど大きく、ウレタン素材のため、当たってもケガはしません。「どれみ」ではケガをしないよう床にクッション材を敷き詰めた場所で遊ばせています。

あるお子さんが、これを2段、3段と高く重ねてタワーを作っていました。

スタッフの協力で（この協力してもらう、ということも大切な訓練のひとつです）、4段目を積み上げ、いよいよ登ろうとしたところで、バランスが崩れ、タワーが倒れてしまいました。

「うわ〜！」とはしゃいで叫ぶお子さんの身体に、クッションが当たります。

ただ遊んでいるだけのようですが、この遊びを通してお子さんは、バランスをとるための身体の使いかたや、落下の感覚、さらに「この重さのものが、この距離から落ちてくると、このくらいの痛さなんだ」ということも体感して学んでいるのです。

自宅でもできる、室内遊びで感覚統合

トランポリンやすべり台など、大掛かりな遊具や広いスペースがなくとも、感覚統合は可能です。

たとえば、ソファーやベッドで子どもが跳ねて遊んでいるとき、大人は「お行儀が悪い」「家具がダメになるからやめて」と顔をしかめますが、こういった遊びこそが感覚統合を育てるのです。

自宅の室内でできる感覚統合をうながす遊びをいくつかご紹介します。

☀感覚統合をうながす遊びの例

押し入れジャンプ

高い位置から布団に飛び降りる遊びです。下に布団を敷いてケガの心配を減らし、高い位置から飛び降りることで満足感を得ます。

※近隣の方の迷惑にならないように十分気をつけてください

風船バレー

風船を床に落とさないように遊びます。視覚と触覚が刺激され、きょうだいや友だちと楽しく遊べます。

紙ちぎり

新聞や包装紙をビリビリと破ります。聴覚過敏なでこぼこちゃんや細かい作業が苦手なでこぼこちゃんに効果的です。

玉運び

おたまにお手玉を入れて運びます。バランス感覚と集中力が鍛えられます。

☀落ち着いて動く練習

キョロキョロちゃん、せっかちちゃんなど、「待つ」のが難しい子にやってほしいトレーニングが、お茶運びです。

コップにギリギリいっぱいまでお茶や水を入れます。それをお盆に載せて、お子さんに「パパ（ママ）に持っていって」と頼みます。

お子さんは、こぼさないように、そ〜〜〜っと運んでくれるでしょう。これが慎重に動く練習になります。

渡された人に「ありがとう」と感謝されることで「自分は役に立つんだ」という自信につながります。

でこぼこちゃんへの接し方のポイント3選

ポイント① よく見てよくほめる

子どもはほめて育てることが大切です。

普段からお友だちとの違いを感じて、劣等感を覚えることの多いでこぼこちゃんは、特にほめるようにしてください。ほめられることで子は自信を高め、やる気になり、自己肯定感も向上します。

「自分はできる」「自分もなかなかがんばっている」と感じることで、前向きな気持ちになるのです。

ほめられて自信がつけば、積極的に行動できるようになります。**これが、脳の発達と成長につながります。**

ほめるときに気をつけること

ほめることが大切だといっても、ほめかたには気をつける必要があります。でこぼこちゃんをほめるときには次のポイントを意識しましょう。

ピンポイントでほめる

ほめる際に、ただ「えらいえらい」「すごいね」ではあまり効果がありません。「ここが素晴らしい」「今のこれが良かったよ」と具体的に伝えることが大切です。

たとえば、描き上がった絵を見て「すごい、素敵」とざっくり全体をほめるだけでなく、「このタッチすごいよね」「ママ（パパ）、こんな細い線とか書けないよ」などよく見てピンポイントでほめるのがおすすめです。

比較は避ける

「お兄ちゃんよりすごいね」といった比較的なほめかたをされると、ほかの子に対してマウントを取るようになってしまいます。

特に一番になりたいタイプの子には避けましょう。比較するなら、ママ（パパ）自身と比較する形にします。

子どもの世界に入る

そのお子さんが何に興味を持っているのかを理解してほめることが大事です。
たとえば、将棋に興味がある子に対して「強いねえ」はあまり響かないかもしれません。くわしいとでこぼこちゃん本人が認めている人に「あそこの戦略が良かった」とほめられると喜びます。

ジェスチャーでほめる

言葉だけでなく、親指を立てるなどのジェスチャーをしたり、目が合ったときにうなずいたり、ニッコリしたりするだけでもほめていることを伝えることができます。
特に視覚優位な子には効果的です。

過程をほめる

結果だけを見ていると「まだできていないところがある」と欠点に目が行きがちです。
過程をほめることを意識すると、マイナス部分にフォーカスするのを避けることができます。

たくさんほめる

でこぼこちゃんは叱られたことは強く印象に残り、ほめられたことは忘れてしまうことも多々あります。

「ほめられた！」という事実が強く印象に残るように、できるだけたくさんほめるよう心がけましょう。

いろいろ試してみる

お子さんにはどんなほめ方をすれば響くのか、態度や表情を観察しながら、ほめ方をいろいろ工夫してみましょう。

☀そのお子さんに合ったほめ方をする

子どもによって効果的なほめかたは違います。

たとえば、目立つのがイヤなビクビクちゃんに自信を持たせようと、みんなの前でほめると、注目を浴びることが苦痛で逃げ出したくなります。

目立つのが好きなキョロキョロちゃんやせっかちちゃんをみんなの前でほめると、舞いあがってしまいます。

これではせっかくほめたのに、逆効果です。そのお子さんに合ったほめ方でほめることが大切です。

☀タイプ別のほめ方

キョロキョロちゃん

こっそりと、声のトーンを変えてほめる。

舞いあがらないよう、興奮させるような大げさなほめかたは避ける。

こだわりちゃん

本人の取り組みや集中力をこっそりほめる。

ポイントがずれているとまったく響かない。

ビクビクちゃん

こっそりと個別にほめる。

みんなの前でほめると視線を浴びてストレスになってしまう。

せっかちちゃん

後でこっそりとほめる。
みんなの前で過剰にほめると興奮してしまう。

ゆっくりちゃん

ほめているのがわかるように、はっきりほめる。
間接的なほめ言葉では理解できないことがある。

うっかりちゃん

良かったところを具体的にほめる。
自信をなくしていることがあるので、具体的にほめる。

ポイント② 伝え方を工夫する

ママやパパが伝えたいことをそのままストレートに伝えたつもりでも、でこぼこちゃんの特性から、伝わりにくいことがあります。

もちろん、子どもが悪いわけでも、ママやパパが悪いわけでもありません。

そのお子さんのでこぼこに合う伝え方に、まだ気づいていなかったというだけのことです。

でこぼこちゃんに対する伝え方にはコツがあるのです。

短く伝える

でこぼこちゃんは、長い言葉では伝わりにくい、という特性があります。

私たちが運営している指定放課後等デイサービス「らしど」のスタッフルームには、お子さんが入らないよう「あけません」と注意書きをしています。

普通は「入ってはいけません」かもしれません。あえて「あけません」としているのは、「入ってはいけません」では、**でこぼこちゃんは「入って」が目に入って、入りたくなっ**

てしまうからです。

ひと目でパッとわかる「あけません」が適切なのです。

☀具体的に伝える

「おもちゃを片付けてね」では抽象的すぎて、でこぼこちゃんには伝わりません。

ひとつだけ片付けて終わり、

ひとりで全部片付けるよう言われたと思って怒ってしまう、

片付ける場所がわからなくて途方に暮れてしまう、

定位置から1ミリのズレも許さず完璧に片付けようとする、

片付けている最中に気が散って別の遊びを始めてしまう……など、さまざまな事情で、

おもちゃを片付けることができなくなってしまうのが、でこぼこちゃんの個性です。

でも、具体的に**「床に落ちているおもちゃを7個拾って、この箱に入れてください」**などとやることを伝えれば、片付けることができます。

でこぼこちゃんに伝えるときは、できるだけ具体的にすることを意識しましょう。

「そこ」がわからない

あるでこぼこちゃんは、すぐ側にあるテレビのリモコンに気付かず「テレビのリモコンどこ?」とお母さんに聞いていました。

お母さんが「すぐそこにあるじゃない」と指さしても、指がさし示す方向ではなく、指先にじっと注目してしまいます。

「もう、そこにあるのにっ!」とイラッとすることもありますが、空間認知能力の関係で本人も「そこなんて言われてもわからない」と、もどかしい気持ちになるでしょう。

たとえば「まっすぐ目を下に向けてて、ゆっくり目を上げてみたらあるでしょ?」とか「両手の幅くらい右側」など、**言い方をお子さんを起点にした具体的なものに変えてみる**ことで、伝わりやすくなります。

物を減らす、定位置を決める

物が多くあると、情報量が多くなりすぎてしまい、絵本の『ミッケ！』のように、必要なものを探したくなってしまうこともあります。出しておく物を減らしたり、定位置を決めたりするなどの工夫をしていきましょう。

事前に予告をする

こだわりちゃんに多いのですが、気持ちを切り替えるのに時間がかかるでこぼこちゃんもいます。スパッと終わらされるのはしんどいと感じるでこぼこちゃんもいるので、少し早めに予告してください。

たとえば「時計の針が2のところまでいったら終わりだよ」「ピピッて鳴ったら終わりだよ」というふうに、あらかじめはっきり伝えることが大切です。

また、予定やスケジュールなどは書いて壁などに貼っておくと、次にやることがわかって安心するというでこぼこちゃんが多くいます。

☀自動化する

時間になったら目覚まし時計やタイマーが作動するようにする、あらかじめスマートスピーカーをセットしてお知らせするなど、便利グッズを使って、毎日同じことを言わなくてもいいような、仕組みを作ることもおすすめです。

☀手数を増やす工夫をする

耳からの情報が伝わりやすい子、目で見て確認できたほうがわかりやすい子など、**コミュニケーションで何が得意なのかは、人によって違います。**

お子さんはどういうところが強くて、どこが弱いのか、いろいろな手段を試してみましょう。

どんなやり方があるかは療育の先生に相談したり、本で学んだりしても知ることができます。

☀ジェスチャーや指サインを使う

言葉よりもジェスチャーや指サインのほうが伝わります。

たとえば、ドッジボールのタイムのサインで「ストップ」、親指を立てて「いいね！」、手首（腕時計）をさして「時間だよ」などのサインを実際に使っています。

どちらがわかりやすい？

「バツ」とジェスチャー
VS
「もうやらないで」「いけません」という言葉

「マル」と指でOKサイン
VS
「いいね」という言葉

☀カードを取り入れる

ポケットにこんなカードを入れておいて、必要に応じて子どもに見せるという方法です。
×のカード「やめておこう」「残念」
○のカード「いいよ」「OK」

花丸のカード「すばらしい」「最高！」

ポイント③ 叱り方に気をつける

でこぼこちゃんのママやパパの多くは「叱り方が難しい」と感じているようです。叱る、注意するよりも「伝える」ことで、好ましくない行動を減らしていくほうが良いのですが、まったく叱らずに子育てをするのは不可能かもしれません。でこぼこちゃんを叱る際には、特に気をつけたいポイントがいくつかあります。

叱るときに気をつけること

叱りすぎない

叱りすぎはよくない、とわかっていても、つい気になるところばかりに目が行って、注意したり叱ったりすることが多くなってしまいがちなものです。

特に、落ち着きのないキョロキョロちゃんなどは、いろいろとやらかすため、叱られることが多いです。

しかし、あまりに頻繁に叱っていると、子どもの自己評価が低くなってしまいます。

実は、カッとなってやらかしてしまったときのことは、本人は脳の特性で覚えていないことも多いのです。

叱られるのがイヤで、嘘をつくクセがついてしまうことがあります。

叱りすぎ、怒りすぎに気をつけましょう。

強い否定の言葉を使わない

でこぼこちゃんは、言葉を極端に受け取ってしまうことがあります。

「〇〇したらダメ」というのは「いけませんよ」「やらないでね」という意味ですが、でこぼこちゃんは、これを全否定として受け取ってしまい「自分のやることは全部ダメなんだ」と思い込んでしまうこともあります。でこぼこちゃんを注意するときに、強い否定の言葉は使わないよう意識しましょう。

短くハッキリ伝える

「伝え方」の所でもお伝えしたとおり、でこぼこちゃんには、長い言葉では伝わりにくい、という特性があります。

叱る、注意するときも、短く端的に必要なことのみを言うようにすると、伝わりやすくなります。

ほかの子のいるところで叱らない

きょうだいやお友達などほかの子の前で叱ると、自尊心が傷つきます。

特にビクビクちゃんは、人前で叱られると恥ずかしさでいっぱいになり、何も頭に入ってこなくなります。

第6章

輝け、でこぼこちゃん！
「でこ」を活かした進学&就職

「高学歴」にも多いでこぼこちゃん

「うちの子は大学に進めるかな？」と悩むでこぼこちゃんのママ・パパも少なくありません。

答えは、YESです。

東京大学や京都大学をはじめとする難関大学にも、ADHDやASDの診断を受けている学生がいますし、奏音出身の子にも、難関大学に進学したお子さんが何人もいます。

学習環境の改善も進んでいます。

たとえば、九州大学では、学内に「障害者支援推進専門委員会」を設置して、当事者目線で学内にある発達障害者にとってのバリアを解明し、学内環境を改善する活動が行われています。

でこぼこちゃんだからといって、進学・就職をあきらめることはありません。でこぼこの「でこ」を活かせば可能性が広がります。

ただ、でこぼこの「ぼこ」の部分で自己評価を下げてしまうと、能力を十分に活かせなくなってしまう恐れがあります。「やればできる」「自分は大丈夫」という自己肯定感を育んでいきましょう。

でこぼこちゃんはどんな仕事に向いている？

経営者に向いているキョロキョロちゃん

経営者として成功している人の多くはキョロキョロちゃんです。キョロキョロちゃんはとにかくエネルギーが豊富で、さまざまな場面や問題に対してアイデアを思いつく能力があります。

人に従うことが難しく、人を引っ張る力があるのですから、経営者にぴったりです。ただ、思いついたアイデアを実行する力はあっても継続する力は弱いので、周囲の人のサポートは不可欠です。

理学部数学科で首席になったキョロキョロちゃん

A君は、保育園を卒園してから20年が経過した今でも、先生が覚えているほど印象的なキョロキョロちゃんでした。非常に活発で園内中を走り回り、柵を飛び越えてどこかへ行ってしまうこともよくありました。

小学生になっても行動は変わらず、A君は周囲となじめずにいました。3年生まで特別支援学級に通い、不登校にもなっていました。

しかし、中学生になると彼は変わりました。勉強に熱中したのです。キョロキョロちゃんはエネルギーがあるので集中するとすごい力を発揮します。A君も「俺、3時間しか寝なくていいから、その間勉強できる」と言って、塾にも行かずに猛勉強をし、高校は進学校へ進学しました。

高校時代もその勢いで勉強を続け、大学は東大よりも偏差値が高い東北大学の理学部数学科に入学。首席で卒業し、現在は東北大学の大学院に通っています。

高校在学中に起業を考えるキョロキョロちゃん

別のキョロキョロちゃんのB君は中学生の頃「高校に行くより働きたい、だって金儲けが好きだから」と言っていました。

私が「働きたいのはいいね。お金を儲けるにも、日本では高校を卒業しておいたほうがいいよ。それにお金を儲けることに興味があるなら、いつか経営学を学びたくなるかもしれない。大学にいつでも行けるようにしておこう」と言うと、B君は、日中はアルバイトができる通信制高校を選びました。

高校1年生になったB君は、「ゲーム関係で起業したいんだけど、どんなことが必要なのか教えてほしい」と聞いてきました。

高校生ですでに起業を考えているというのです。

こだわりちゃんは研究職に向いている

こだわりちゃんのこだわりを活かせるのは専門職です。

興味のあるところをうまく活かす職につけるよう、進路も考えてあげましょう。

興味の方向はそのお子さんによって違います。コンピューターや数学、物理といった理系分野だけでなく、将棋や囲碁の棋士になった子、石が好きで考古学の方面に進んだ子、特定の時代が好きで歴史の研究者になった子もいます。

「究極の几帳面」を活かして働くこだわりちゃん

C君は電車が好きなこだわりちゃん。ものを並べるのが得意です。

軽度の知的障害がある彼は、支援学校を卒業して、ある特例子会社のコンビニで働きはじめました。彼の主な業務は商品棚の整理です。お客様が手に取った商品を元の場所に戻して、店内をきちんと整えます。

店長からの「お客様がいるときは作業をしない」という指示も、C君は忠実に守っています。

彼の、**正確に元の位置を覚えているという特性を活かした働きぶり**は、高く評価されています。

こだわりちゃんの特性は**「究極の几帳面」**ともいえるものです。一見、役に立たないようですが、こだわりが役に立つよう考えましょう。

コンビニや百円ショップ、図書館など、整然と並べるのが得意な彼らが活躍できる場所はたくさんあります。

☀不器用だけど器用なこだわりちゃん

ある大学教授はこだわりちゃんです。手先が不器用で、幼い頃には定規を使ってもまっすぐな線を引くことができなかったといいます。現在でも年賀状を送ってくださるのですが、その筆跡は読みにくく、配達員はよく配達してくれると感心してしまうほどです。

そんな不器用な彼が専門としているのは、わずか5ミリ程度の小さな線虫の研究です。日常生活では不器用な彼ですが、線虫をピンセットで扱い、線虫に注射をすることはできるのだそうです。

☀数学科に進学したこだわりちゃん

D君は、神戸大学の大学院で数学を専攻しています。

大学はこだわりちゃんの彼をフォローする教授をつけてくれました。彼はその指導のもとでコピーを取るなどの補助業務を行い、その報酬として「解いてきてね」と難解な数式をもらうのだそうです。

数式が大好きな彼ですが、実は計算自体は苦手で、中学生のときは一桁の足し算でさえ指を使って行うことがありました。

彼のように、計算は得意ではなくても、数式を解く才能を持つ人もいるのです。

ゆっくりちゃんは合う仕事を見つけよう

じっくり、自分のペースでできる仕事が向いているゆっくりちゃん。

臨機応変に対応しなければならない仕事や、あわただしい職場は向きませんが、マイペースにできるものづくりや単純作業などの仕事は、指示を守って真面目に働きます。

好きなことを仕事にすれば、幸せに生きていけるゆっくりちゃん。

どんなことが好きなのか、**いろんな体験をさせて見つけていきましょう。**

☀パティシエになったゆっくりちゃん

Eさんは、高校1年生のとき、友だちとの間のトラブルをきっかけに、発達のでこぼこが明らかになりました。検査をすると、ＩＱは52で通常の高校への進学は難しいことがわかり、通信制高校へと転校することになりました。

昼間の時間が空いてしまうので、Eさんは生活の基礎となることを学ぶため、料理教室に通ったり、お弁当屋さんでアルバイトをしたりしました。決まったところにおかずを詰めるお弁当屋さんの仕事は彼女に合っていたようです。

高校卒業後は、調理師の専門学校に進学しました。その後、ホテルに障害者雇用枠でパティシエとして採用され、すでに4年以上働いています。

ゆっくりちゃんのEさんは手先が非常に器用で手早く、コロナ禍で時間ができた際には、奏音などに就学する子どもたち、50人分のポシェットを作ってくれました。

就職先にホテルを選んだのは、年配のスタッフが多い環境は、彼女が受け入れられやすいと思ったからです。

真面目に一生懸命に働く姿が評価され、正社員登用のオファーもありましたが、責任の重さや負担を考慮して辞退しました。

これには少しもったいないと感じていますが、人の手が必要とされる分野でゆっくりちゃんが活躍できることを示すよい例だと考えています。

スピード感を活かして活躍するせっかちちゃん

せっかちちゃんは、やる力はありますが「早く早く」が先に立つので、みんなと足並みを揃えることが必要な仕事はおすすめしません。

たとえば、忙しい厨房で洗い物をハイスピードでこなす、レジの列が長くならないようにスピード対応をする、救急病院で対応に走り回る、など、**スピード対応が必要で基本的にひとりで活躍できる職場なら、せっかちが活かせます。**

☀公務員になったせっかちちゃん

せっかちちゃんのＦ君が、公務員試験に合格して市役所に勤務することになった際、私は少し心配しました。

彼は与えられた仕事を迅速にこなす非常に能力の高い人物ですが、その仕事の早さが原因で、職場の雰囲気や同僚の感情を読むのが難しいだろうと考えたのです。実際に勤めはじめると、予想通り、Ｆ君は仕事を早く終えて、職場の人々よりも先に帰宅してしまうことがありました。

彼から「『早く帰りすぎる』と上司に注意されたけど、どうしたらいいのかわからない」と相談されたとき、私は「誰かが帰るのを待って、２番目に帰宅してみよう」とアドバイスしました。

職場では、チームとして協力したり、全体の雰囲気を大切にしたりするなど「空気を読む」ことも重要です。でこぼこちゃんには高いハードルですが、「２番目に帰る」など具体的な数字があれば、実際には空気が読めなくとも、空気を読んだ行動をすることができます。

ビクビクちゃんは時代にマッチしている

過敏なビクビクちゃんは、職人的な仕事か、ルールが明確で臨機応変性が求められない、家庭的な職場が適しています。さらに、人に会わない環境であれば力を発揮できるので、テレワークで事務をしたり、ＩＴ関連の仕事をしたりすることが向いています。

絵画や音楽の分野で秀でるなど芸術的才能に恵まれている子も多いのがビクビクちゃんです。そちらの方面に進むのもおすすめです。

過敏を活かしたいビクビクちゃん

Ｇちゃんは、においの感受性が高いビクビクちゃんです。小学校では給食の時間が「臭くてだめ」といって、不登校になるほどでした。

現在、彼女の将来の夢は調香師です。

嗅覚が敏感だからこそ「いい匂いだけ嗅いでおきたい」という気持ちなのだそうです。

☀Tシャツをデザインしたビクビクちゃん

ビクビクちゃんのHさんは、中学校1年生から不登校でした。イラストが上手なので、通信制高校在学中に「何かコンテストに応募してみたら?」とすすめました。

Hさんは広島の企業が主催するコンテストに応募し、みごと受賞して、作品はTシャツにプリントされて販売、あっという間に売り切れるほどの人気でした。

自信をつけたAさんは、その繊細な感覚を活かして、将来は美術の分野に進むことになりました。

タレント性のあるうっかりちゃん

うっかりちゃんはうっかりミスの対策さえできれば、進学も就職も幅広い選択肢があります。人付き合いがうまく、穏やかに対応できるので、アナウンサー、タレント、旅行会社のカウンターなど、人と接する仕事が適職かもしれません。

避けてほしいのは、銀行などお金を扱ったり、厳密性が求められる仕事。うっかりミスから取り返しのつかない事態を引き起こし、失敗体験から二次障害になる危険があります。

☀編集者になったうっかりちゃん

子どもの頃から忘れ物が多く、クラスで「忘れ物の女王」の異名を取ったうっかりちゃんのIさんは、大人になってから、出版の仕事につきました。

今でも、うっかりミスや忘れ物はなくならないそうですが、仕事に必要な資料はクラウドに保存するなど、うっかりしても大きなミスにつながらないよう工夫をしています。

うっかりちゃんらしい人当たりの良さは、インタビューや打ち合わせのときに大いに役立っているそうです。

向き不向きは仕事内容で考える

誰でも向き不向きはありますが、でこぼこちゃんは特に、向いている仕事と向かない仕事がハッキリ分かれます。

向いていない仕事を続けることでストレスを感じ、うつ病を発症したり障害が悪化したりしてしまうでこぼこちゃんもいますが、逆に得意を活かすことができれば、いきいきと活躍し楽しく働けます。

たとえば、手先が器用で、細かい作業に集中して取り組むのが得意なゆっくりちゃんに、次から次へとお客さんがやってくる忙しいイベントスペースは合いません。

そういった仕事は、スピード対応が得意なせっかちちゃんのほうが向いています。

また、毎日同じ商品を同じ場所に並べるような仕事はこだわりちゃん向きです。好奇心旺盛で変化を好む、キョロキョロちゃんやせっかちちゃんにはむずかしいでしょう。

そんなふうに、でこぼこちゃんは適材適所でこそ輝きます。

得意を仕事に活かす

「会社員」「主婦」「公務員」などと一口で言いますが、同じ「会社員」でもいろいろな人がいるように、どんな職業でも、その職業の中にはさまざまな仕事分野があります。

たとえば、同じ「医者」という職業でも、診療科や専門によって仕事はまったく違います。

もしも、6人のでこぼこちゃんたちが、医師になったら、こんな感じでしょうか。

・一刻を争う現場で、救急救命医として多くの命を救う、せっかちちゃん
・看護師さんにフォローされながら街の家庭医として親しまれる、うっかりちゃん
・お年寄りを和ませる介護施設の常駐医のゆっくりちゃん
・ネットで遠隔診療をする、ビクビクちゃん
・大学病院で基礎研究に打ち込む、こだわりちゃん
・さまざまなアイデアで病院経営に腕を振るう、キョロキョロちゃん

将来を考えるとき、「職業」という枠にとらわれず、**「こういう働き方が向いている」とか「こういう仕事内容なら活躍できそう」という視点で向き不向きを考えてみる**と、可能性の幅が広がります。

でこぼこちゃんの可能性を伸ばす接し方のコツ

階段を作ってあげる

「いいこと思いついちゃった族」のキョロキョロちゃんは、エネルギッシュで次々とアイデアを思いつきますが、それだけに、そのやりたいエネルギーを否定されると不満が溜まります。多動を止めずにしっかり動けるようにしてあげてください。

アイデアや思いつきは、やはり**肯定して聞く**ことが大事です。

そのうえで、彼らの興味関心と、目の前の勉強や進路との結びつきを教え、「じゃあそのためにはどうしたらいいか」という階段を作ってあげると、エネルギーを「次」に向けられます。

キョロキョロちゃんは、興味があることに惹かれ、あっという間に動いてしまいます。いいほうに興味が向いていればいいのですが、反社会的な行動に興味を持ってしまった場合、あっという間にそちらに行ってしまう恐れがあります。

そうならないためにも日頃から「何をやっていきたいか」を否定せず、肯定して聞くことが大切です。

ときには身をもって経験させる

パッと衝動的に走り出してしまうキョロキョロちゃん、せっかちちゃんに対して、ママやパパは「そんなことしたら転ぶよ」「車にぶつかるよ」と転ばぬ先の杖を出そうとします。でも、彼らは聞く耳を持ちません。

危険性がない限り、こうやったらこうなっちゃうんだ、というのを1回は身をもって経験したほうがいいとも思っています。

「平均」を目指さない

こだわりちゃんがひとつのことに秀でているところを見ると「うちの子天才？」と、舞い上がってしまうこともあるでしょう。ですが、ここでぜひ**「この天才を育てるには、どうしていったらいいだろう」**という視点を持ってほしいと思います。

たとえば算数・数学が得意なら、学校とは別に、算数・数学の教育を塾や家庭教師の手を借りて進めていくなどです。

なかには「数学ができるんだから国語も理科も社会もできてほしい」と考える人もいます（学校の先生にも多くいます）。

しかしでこぼこがあるのですから、そもそも「できない」「苦手」は本当にできないし苦手なのです。ハードルをちょっと下げて、最低限の理解でもいいとしておきましょう。

声かけ例

算数の点数がいつも100点。でも国語は30点という子に対して、

×「算数はこんなにできるのに、なんで国語はできないの？」

○「がんばったね。国語は次は半分の50点を目指そうか」

橋を架けてあげる

好きなことだけしていたい、好きな科目だけ勉強したい、というでこぼこちゃんも少なくありません。

ただ日本の教育制度ではほかの科目もやらなければいけません。

その好きなことと、ほかの科目との間に橋を架けてあげるような言葉をかけてあげてく

ださい。

たとえば「算数の文章題を解くにも国語の力は必要だよ。できるようにしておこう」「世界を旅するには英語は必要だね」など。必要性がわかれば、苦手なことにも挑戦しようと思えます。

やってあげずに、自分でやらせる

ゆっくりちゃんが苦手なのは「自分で考えて動く」こと。

「次やること」を指示すればできるので、ママやパパがすべてを指示してしまったり、「わたしがやった方が早い」と代わりにやってあげたり、つい過干渉になってしまいがちです。

しかし、それでは自分で生きる力はつきません。

やってあげたいのをグッとがまんして、「困ったね、じゃあどうする？」と、自分で考えて動く練習をさせてあげてください。

ゆっくりちゃんにはいろんな経験をさせる

ゆっくりちゃんは、だから、いろんな経験を積み重ねていくのが大事です。

未経験のものごとに対して「やったことない」とお手上げ状態になって固まってしまうので、経験値を増やしていきましょう。

日常生活でいえば、洗濯物を畳む、掃除機をかける、料理を手伝うなどです。

ほかにも、たとえば「日曜日に一緒に料理教室行ってみようか」「この折り紙、すごい面白そうよ、一緒に折ってみる?」など、普段の生活や遊びの幅を広げていきます。

☀せっかちちゃんには見直しを教える

ケアレスミスが多いでこぼこちゃんは、見直しを習慣づけることが大切です。

その見直し方にもコツがあります。

たとえば、テストや家庭学習では、問題を全部解いて「やったー」と達成感を得てからだと、油断して見落としが発生します。それより、途中までやったら1回戻る、というやりかたのほうがミスが減ります。

特にせっかちちゃんは、問題を出されると全部一気にやってしまうので、一度に渡す量を少なくして、**2回、3回に分けて渡すのがおすすめです。**

「いい子」になりすぎるビクビクちゃん

ビクビクちゃんは、その場の雰囲気を感じ取っていい子になりすぎてしまう恐れがあります。敏感なので、親や先生、友だちが求めていることがわかり、周囲にとって「都合のいい子」になっておいたほうが楽だと「学習」してしまうのです。

そこへ、ママやパパが「学校は友だちを作るところだ」「友だちはいないといけない」「テストは100点でなければ」などと思い込んでいると、それをかなえるために、ビクビクちゃんは苦労をしてしまいます。

「こうでなければならない」という思い込みはできるだけ捨てて、ビクビクちゃん本人にとってはどういう接し方、どういう環境がいいのか、考えてみてください。

うっかりちゃんは深刻になりすぎない

うっかりちゃんのうっかりは、**深刻になりすぎず「面白エピソード」として一緒に笑うくらいがちょうどいいのです。**自己肯定感を落とさせないようにすることが大切です。

＼声かけ例／

うっかりミスでテストの点数が低いとき

×「いつもはできているのになんでできなかったの？」

○「次からはひとつずつ指さし確認したらいいかも」

スカートを穿き忘れて、下はパジャマのズボンのまま

×「穿いてないよ、そんな恰好で出たら恥ずかしい」

○「そのコーディネートかっこいいねぇ」（と言われて鏡を見てあっと気づく）

教科書を持っていくのを忘れたとき

×「ダメでしょ、ちゃんと用意しないと！」

○「次忘れたらどうする？　お母さんなら、先生に言うか隣の子に見せてもらうかな」

「障害者雇用枠」での就職も選択肢に

でこぼこの度合いによっては、障害者雇用枠での就職も視野に入れるといいでしょう。障害者雇用促進法では、従業員が一定以上の民間の企業に対して労働者の2・5％以上（令和6年現在）の障害者を雇用するという法定雇用率を定めており、この目標を達成していない企業にはハローワークが行政指導を行います。

このため多くの大企業や関連会社では障害者雇用枠を設けているのです。「障害者雇用枠」に応募するためには障害者手帳が必要です。必要な支援を受けながら、適材適所に配属してもらえれば、安定して長く働けるというメリットはありますが、職種が限られたり、昇給や昇進が難しかったりするなどの課題もあります。

制度は時代によって変わります。お子さんが大きくなる間にもっと良い制度になっている可能性もあります。身近に感じる年齢になったら、改めて確認して対応しましょう。

でこぼこちゃんが自立するとき

「うちの子は果たして将来やっていけるのか?」と心配している方もいるでしょう。

しかし、お伝えしたように、多くのお子さんが、自分自身の「でこぼこ」と、うまく折り合いをつけて、自立して生活しています。

将来、でこぼこちゃんが自立できるようにするために、**ママやパパができることは、自己理解・自己受容を助け、自己支援へとつなげていくことでしょう。**

大切なのは、自己理解・自己受容・自己支援

でこぼこちゃんが生きていくうえで大切なのは**「自己理解」「自己受容」「自己支援」**の3つです。

最終的に自分で自分を支援(自己支援)していくための手がかりとして、自分を知り(自己理解)、自分を受け入れること(自己受容)が欠かせません。

①自己理解

自己理解とは、自分で自分の「でこ」と「ぼこ」がどこにあるかがわかっている、ということです。

でこぼこちゃんの自己理解には次の3つが必要です。

・客観的なデータ……どんな特性があるか診断や診察を基に見る
・自己モニタリング……自分で自分を振り返る
・周囲からのフィードバック……周囲の人から意見を聞く

自分で自分を振り返る自己モニタリングができるのは、10歳を過ぎたあたりから（ビクちゃんはもう少し早いことが多い）です。

それまでは、ママやパパが「この子はどうなんだろう」と「この子理解」を深めていくことが、将来の、本人の自己理解を助けます。

「わが子のことが全部わかっている」という人はいないでしょう。

「あれもできない」「これも苦手だ」とマイナス面ばかりを見られていると「この子理解」からは遠ざかります。

「できないところもあるかもしれないけど、でもいいところもたくさんある」という意識を持って観察し、考えながら本人と一緒に理解を深めていくのが理想です。

②自己受容

優れている点とそうでない点があることを認め「自分はこれでいい」と受け入れることが自己受容です。

たとえば「会社に行くのはしんどいけれど、家でパソコンを使ってなら仕事ができる」という感じです。

自己を理解し受け入れることができれば、次の自己支援の力が出てきます。

③自己支援

自己支援は自己理解と自己受容を受けて「では、こうしてみよう」と、自分を活かす方法を考え実行する力です。

たとえば「僕は発想力はあるけど、持続力と注意力がないから、それを補ってくれる人と一緒に仕事をしよう!」という感じです。

残念なことに、でこぼこちゃんのなかには、自己肯定感が低く自分を責め続けたり、うつ病になってしまったりといった、二次障害に悩む人は少なくありません。

発達がでこぼこだからではなく、自己理解、自己受容、自己支援が進んでいないから二次障害が生じて悩んでしまうのです。

☀自己理解・自己受容・自己支援の例

ある会社に、人前に出るのが得意、でも書類仕事は苦手なAさんと、書類を作るのは得意、でも人前に立つのは苦手というBさんがいました。

仕事は人前に出る仕事と書類仕事がちょうど半々くらい。

自分の担当の仕事だけをしていた頃は、AさんとBさん、2人とも仕事の半分が苦手で苦痛な作業になっていました。

そこで、AさんとBさんは話し合って、それぞれの得意な仕事と苦手な仕事を交換しました。AさんがBさんの分も人前に出て、BさんがAさんの分も書類を作るようにしたところ、2人ともストレスが減り効率もアップしました。

このように、**自己理解・自己受容が進んでいれば得意を活かすことができます**。本人だけでなく、仕事の効率も質も上がるのでみんなにとってプラスになるのです。

誰にとっても自己理解、自己受容、自己支援の3ステップは大切ですが、でこぼこちゃんにとっては特に重要です。

Aちゃんの場合

「私、うっかりして忘れ物をすることが多い」（自己理解）
「でも、それも私だし、わざとじゃないし、ほかにいいところもいっぱいあるし」（自己受容）
「忘れ物をしないよう全教科の教科書を持ち歩こう」（自己支援）

Bちゃんの場合

「どうして私ばかり、いろんなものが恐いのかな……」
「車の音、トイレの水が流れる音、人の大きな声……頭痛い」（自己理解）
「人と比べてもしょうがない！」（自己受容）
「耳栓して、お守り握って、人混みも避けて、お出かけは短時間……対策をすれば、なんとかなる」（自己支援）

☀心を使って子育てをする

でこぼこちゃんの子育てでは、頭を使わなければならないシーンが多々あります。
お子さんをよく観察して、どんな子育てをすればいいのか、必要な支援は何か、と考えたり、どんな学校が合うか、どのような制度が使えるか調べたり、お子さんの特性について学んだり……。計画表を作って守らせようとしたり、目標を立てて達成するよう支援したりするのにも、頭を使います。

でこぼこちゃんのいいところを引き出し、育てるうえで、頭を使った子育てはとても重要です。

でも頭だけで考えた子育てばかりにこだわると、ママやパパも疲れてしまいます。そのうえ、お子さんの自己理解が進みにくくなってしまいます。

頭を使うことよりも、心を使うことのほうが大切です。

心を使った子育てとは、お子さんの気持ちに、共感を持って接することです。

たとえば、お子さんが失敗したとき、「どうしてできなかったのか」と非難するのは頭も心も使っていない子育てです。

「次はどうすればうまくいくか、考えてみよう」とお子さんを伸ばす機会として失敗を活用しようとするのが頭を使った子育て。

「残念だったね、くやしいね」と、お子さんの気持ちに寄り添うのが心を使った子育てです。さらに「どうすれば次はうまくいくか、一緒に考えよう」と声をかけられると、子どもは、次への手立てを考えられるでしょう。

親が心を使って子どもと関わっていくと、お子さんは安心感を覚え、自分の気持ちに注目することができます。

それによって自己理解がしだいに深まり、自己受容、自己支援につながります。

ラストメッセージ

子どもをコントロールしようとしていませんか？

「思い通りにならない」というのは、しんどいものです。

子育てがしんどいとき、もしかしたら、子どもを思い通りにしたい、コントロールしたいという気持ちがあるのかもしれません。

親子の間には、力の差があります。

どうしても大人であるママやパパのほうが強いので、つい子どもが自分の思い通りになると錯覚しがちです。

しかも、人生経験があるので「こんな風にしたほうがいいのに」とわかっています。

それで無意識に、子どもを理想の「いい子」に近づけたくなる、コントロールしてしまいがちになるのです。

お子さんがでこぼこちゃんなら、なおさらです。

ほかの子と違う行動や発達に対する不安や、周囲からの「ちゃんとしつけてほしい」という圧力、そして、大切なお子さんを守りたいという切なる願いが、「何としてもいい子に近づけたい」という思いにつながります。

でも、子どもは親とは別の人間ですから、思い通りにはなりません。

選択肢はたくさんあります。親の示す選択肢がすべてではないのです。

子育てが辛いな、しんどいなと思ったら、もしかしたら無意識に子どもをコントロールしようとしているかもしれない、と振り返ってみてください。

もしもでこぼこちゃんが旅に出たら

キョロキョロちゃん……決められた旅は苦手。計画を無視して、気の向くままあちこち冒険。

こだわりちゃん……下調べは完璧。予定通り、スケジュール通りの旅をしたい。

ゆっくりちゃん……ガイド付きののんびりツアーで、同行者にかわいがられる。

せっかちちゃん……弾丸旅行で効率よくたくさんの観光地を巡る。スタンプラリーに燃える。

ビクビクちゃん……静かなリゾートでのんびり、または安心な自宅でバーチャルトラベル。

うっかりちゃん……忘れ物さえ注意すれば、どんな旅でもしっかり楽しめる。

OK!

著者紹介

森川敦子

株式会社 奏音代表取締役、 株式会社 奏音まつやま代表取締役、
一般財団法人 K-education 理事長。

県立広島大学大学院修士課程修了。山形県立保健医療大学大学院博士課程修了。
広島県と愛媛県で計６ヶ所の児童発達支援事業・放課後デイサービスを運営している。 博士（作業療法学）、 作業療法士、 精神保健福祉士、 修士（保健福祉学）としての知識と実績、 でこぼこちゃんの母親としての経験を活かした指導で、 全国各地から講演会の依頼が殺到している。2023年には通信制高校 「Ｋ教育財団森川ハイスクール」を開校。
「多くの子どもたちに質のいい療育の場を届けたい」 という想いのもと、 生徒たちの学びを支えている。

発達障害児のママで博士が教える

でこぼこちゃんの個性が輝く育て方

2024年12月20日　第1刷発行

著　者　　森川敦子
発行人　　見城 徹
編集人　　菊地朱雅子
編集者　　茂木 梓　小木田順子
発行所　　株式会社 幻冬舎
〒151-0051 東京都渋谷区千駄ヶ谷4-9-7
電話:03（5411）6211（編集）
03（5411）6222（営業）
公式HP:https://www.gentosha.co.jp/
印刷·製本所　株式会社 光邦

検印廃止

Printed in Japan
ISBN978-4-344-04387-9 C0095